エンドロール！

末期がんになった叶井俊太郎と、文化人15人の〝余命半年〟論

叶井俊太郎

CYZO

叶井俊太郎　かない・しゅんたろう

1967年東京都生まれ。ラジオ局のADなどを経て、24歳で映画業界入り。バイヤーとして数々のB級C級映画を買い付け、宣伝も担当。そのジャンルはエログロ・変態から純愛映画まで幅広く、2001年には『アメリ』(仏)を買い付けて興行収入16億円の大ヒットを飛ばした。その後、映画配給会社トルネード・フィルムを設立し、『いかレスラー』『日本以外全部沈没』など多くの河崎実監督作品を企画・プロデュースするなど日本映画界の発展に大きく貢献(?)するが、同社は大赤字を出し、3億円の負債を抱えて破産。現在は、株式会社サイゾーに籍を置き、映画配給レーベル・エクストリームの宣伝プロデューサーを務める。3度の結婚・離婚を経て、09年9月に漫画家・倉田真由美と結婚。22年6月、膵臓がんで余命半年の告知を受けるものの、1年4カ月後の23年10月現在、笑いながら存命中。

目次

はじめに

2022年6月に膵臓がんステージ3寄りの2bで余命半年、楽観的にみて持って1年、といきなり医者から宣告を受けた。その場に妻・くらたまもいて、彼女は泣いていたけど、オレはまったく悲しくならなかった。むしろ、「へー、半年後に死ぬのか！」と人ごとのように思っただけ。医者は「あなたのがんは、膵臓の動脈がある場所にできてるのでタチが悪いです。リンパ節への浸潤もありそう。今後の治療は抗がん剤を半年くらいやって、もしがんが小さくなれば手術する、という流れになる。ただし、成功率は20％です」と言われたけど、その場で「なんとか助けてください！」と医者にすがる気持ちにもならず、考えますと言って帰った。抗がん剤って毛が抜けて吐きまくってガリガリに痩せて死にそうな姿になるイメージしかない。実際どうなんだ？　ちなみにその後に行ったがん研（有明病院）でも「抗がん剤が効いたとしても手術の成功率は20％で残りの80％は転移か再発です」だって。ぶっちゃけ手術しても100％完治は難しいとも言われた。だったら抗がん剤をやらず、治療せずに、このまま普段通りの生活していくのもありじゃないかと。いや、確実に治るなら抗がん剤やるけどさ。現状だと抗がん剤やっても効くのか分からないし、手術して成功率20％だと失敗する可能性高いじゃないですか。なんかもう20％に賭けてまで抵抗しなくてもいいかな、と。それに抗がん剤やると、個人差あるとはいえ入院とか通院とかで仕事どころじゃなくなりそうな雰囲気……。なので、抗がん剤はやらないことにした。

とはいえ、何もしなかったわけじゃない。抗がん剤以外の治療、まだ標準治療として厚労省に認められていない免疫治療というのがあることを知り合いから聞いて知った。たまたま今オレが所属してる（株）サイゾーの社長が紹介してくれた免疫治療の会社にくらたまと一緒に行き、話を聞いてやってみることにした。自分の血液を1リットルくらい抜いて免疫細胞を培養し、また戻すというNKT免疫療法というやつ。治療費は保険が効かないのでハンパなく高い！　お金を出してくれたくらたまにはマジで感謝しかない……。さらに近所の個人病院で勧められた高濃度ビタミンC点滴とかいろんなサプリとか、今もやっているものもある。くらたまが用意してくれているのを飲んでいるだけなので、オレは何を飲んでいるのか把握してない。

この治療が効いてるのか、余命宣告を受けてすでに1年以上たったが、いまだに生きてる。どういうこと？　オレは死ぬ覚悟を決めてたのに！

ところで余命半年と言われてやりたいことは「仕事」だった。それ以外、未練が残るのは、来年の新作の映画が見れない、漫画の続きが読めない、未解決事件のノンフィクション本の新刊が読めない、こんな感じ。この世にまったく未練がないことも分かった。周りからは仕事を辞めて残された人生を家族と過ごした方がいいということを言う人もいるが、特に改まって家族と過ごすのもいかがなものか……。毎日会ってるし。娘は学校と友達と部活で忙しいし、くらたまも仕事で忙しいし。だったら仕事を前倒しにしてやってた方が自分的に楽しいわけだ。ちなみに膵臓がんの検査は月に一度病院に通ってる。今年の6月ごろ、ちょうど余命宣告受けて1年経ったあたりから食事すると吐いてしまうことがあった。で、病院に行くとCTスキャンで検査になり、がんが大きくなりすぎて臓器を圧迫してると。胃と小腸を直結する手術をしないと食事が取れなくなる可能性がある、と言われたので手術することとした。2週間ほどの入院になるということで、このタイミングで中2の娘にがんということを伝えた。娘はショックを受けてたけど、オレが死ぬのは全然怖くないから大丈夫、と言うと「だったらよかった！」と言って自分の部屋に行ってしまった！ま、号泣されて落ち込まれるより、このくらいの反応がちょうどいい。退院して20キロ痩せてしまった。そしてついでにがんの検査もしたところ、膵臓がんがでかくなりステージ4になってしまった！さらに肝臓への転移もあるかもと言われてしまった……。この後はもう背中かお腹に耐えられない激痛が来るらしい……。そうなるともうモルヒネ打って緩和ケアで入院という流れになる。まあ、痛くなったら終わりの始まりということですよ。

前置きがかなり長くなってしまった。オレは映画宣伝プロデューサーとして映画業界で30年ちょい仕事している。アルバトロス（株）、（株）ファントム・フィルム、（株）トルネード・フィルム、（株）トランスフォーマーと転職を繰り返して、今はサイゾーに入社し映画事業部を立ち上げて5年目になる。サイゾーの社長に日本の全配給会社から断られた、パリ人肉事件の佐川くんのドキュメンタリー映画を買い付けたいと相談したら、軽く「いいよ」と言ってくれた謎の決断力には驚愕した……。その後、サイゾーの社員となり、洋画や邦画の製作と配給などほぼ毎月手掛けてるが、どれもコケまくって赤字の連続……。社長からはこれ以上赤字が続くなら事業停止！ と言われてるが「死ぬまでにどれか1本当てて回収します！」と言い続けてる……。いや、今までの約30年間の映画の仕事で大ヒットしたのは『アメリ』(01) くらい。所属していた会社の皆さんにはご迷惑をかけまくった。もっと言えばトルネードフィルムは未払金約3億円抱えてたった5年で破産し、オレも自己破産してしまった。3億円は踏み倒してしまった……。ご迷惑かけた人や会社の担当者の中には、いまだにオレのこと恨んでる人もいる。映画業界全体に迷惑かけまくっているオレだが、余命いくばくもない状態だし、サイゾーにも迷惑かけてるので、がんの本を最後に出したいと社長に相談したら、これまた「いいよ」と言う。がんがテーマの本だと売れるかもしれないし、そしたら映画の赤字の補填になるかも！ でも自分で書くのはちょっと面倒だし、湿っぽい感じになるのもイヤだし、どうしたものかとズルズルと数カ月。たまたま社長が「対談にしたら？」と！ それだ！ というわけで今までオレと仕事などで関わってくれた友人知人の皆さんと、この本の対談きっかけで再会していろいろな昔話から余命半年と言われたら何する？ 話までしてみました。末期がん患者との対談本って今までにない前代未聞の企画じゃないですか？ いやーかなり楽しかった！ 皆さまご協力ありがとうございました。おかげさまで伝説になりそうな本が完成しました。

この本が発売される頃にオレは死んでないとマジでやばい。今現在製作してる某ホラー映画のエンドロールにも「叶井俊太郎に捧ぐ」と入れてるからな。ま、死んでないと死ぬ死ぬ詐欺と言われて炎上するくらいだから、死んでなかったらそれはそれで第2弾の企画考えますよ！

2023年9月24日

叶井俊太郎

イラスト：ロッキン・ジェリービーン（対談はP79～）

エンドロール！ 1
［構成］斎藤 岬

●映画プロデューサー

鈴木敏夫

自身が余命半年と告げられたら——

「何もしようがないよね。普通にしていたい。」

今回、最初に鈴木敏夫さんに来てもらったのは、やっぱり日本の映画界でいちばん名前のあるプロデューサーだからね。そんな鈴木さんと、オレは実は知り合いだったんですと。まったく相反する性格だけど、うまくやってるんですというね。まあ、オレが勝手に思い込んでるだけだけど。やっぱり巨匠だし、近寄りがたい雰囲気を持ってる人ではあるよ。いつもオレが一方的にLINEして、ダメ出しばっかかされるっていう関係だよね。

――2002年日本公開の映画『ダーク・ブルー』をきっかけに、お二人の縁ができたと聞いています。叶井さんが買い付けた同作が戦闘機乗りの映画ということで、宮崎駿監督にコメントをもらおうと連絡をしてみたところ興味を持ってもらい、結果的に「ジブリCINEMAライブラリー」レーベル第1作目となったそうですね。そのあたりの経緯をぜひ伺いたいのですが……。

鈴木 何がきっかけで会ったかなんて、欄外にでもちょっと入れておけばいいんですよ! 無理やり話したってどうせ覚えてないんだもん。

叶井 出会ったのは、もう20年も前ですよね。

鈴木 そんなにたつんだ。それよりもっと面白い話にならないと。だって叶井、死んじゃうんだよ?

叶井 あははは。それより、このあいだは『プー あくまのくまさん』(23)にコメントいただいて、ありがとうございました。おかげさまで興行収入1億2000万円くらいになってます。ホラーで

1億円突破って、あんまりないですよ。

鈴木 本当！ すごいね。僕が寄せた「こんなプーさん、見たくなかった。」ってコメント、良かったでしょ。

叶井 鈴木さんのその一言が効きました。この10数年、何度もコメントお願いしていたけど一度もコメントくれなかったじゃないですか。「忙しいからごめん」って。

鈴木 そうだっけ。考えるのが結構、大変なんだよ。

叶井 知ってますよ。今回は「僕もうすぐ死ぬんで、お願いします！」って言ったら「しょうがねぇなぁ」って書いてくれて。

鈴木 そうだよ、死を盾にとって……。そう言われたらねぇ。だから真面目に考えて一生懸命協力したんです。この対談企画だって、僕は面白がれないよ。でも引き受けた理由はただひとつ、罰が当たるといけないと思って。

叶井 あはは。「鈴木さん、なんで出てくれなかったの？」って呪って出るから。LINEはたまにしているけど、会うのは18年の高畑（勲）監督のお別れ会以来ですよね。あのとき、ちょっと立ち話したのは覚えてます？

鈴木 そうだっけ、覚えてない。オレが覚えているのは、祐天寺のそばで車に乗せて家の近くまで送って行ったこと。そんなことあったよね？

叶井 覚えてますよ。確か、ばったり会って「乗ってけ」ってなったんですよね。ありがとうございました。

鈴木 奥さんと一緒にラジオ（『鈴木敏夫のジブリ汗まみれ』TOKYO FM）にも出てもらったね。

叶井 ありましたね。10年くらい前かな。

鈴木 でも、本当にそんなに悪いの？

叶井 悪いですよ。今、膵臓がんがステージ4で、肝臓にも転移してるっぽいです。

鈴木 なんでそうなったの？

叶井 原因は分からないんですよ。オレも鈴木さんと一緒でタバコは吸うけど酒は飲まないし。鈴木さんはまだタバコ吸ってる？

鈴木 2年くらい前にやめた。正確に言うと、吸えなくなった。

叶井 ウソ!? なんでですか？

鈴木 吸うと気持ち悪くなっちゃって。インドネシアのFっていう葉巻を吸ってたんだけど、それがいけなかったね。葉巻なんだけど、吸ったら肺の奥まで入れて、外に出さないようにしてたの。

叶井 葉巻は肺に入れたらダメじゃん！ なんでそんなことしたんですか。

鈴木 おいしかったから……。宮さん（宮崎駿）に「ちょっと吸ってみます？」って勧めたら「確かにうまい」って言ってたよ。肺に入れると気持ちいいんだ。

叶井 どれくらい吸ってたんですか？

鈴木 1日60本を2年くらいかな。

叶井　1日60本の葉巻を肺にためてた!?　それは悪くなりますよ。前は何を吸ってましたっけ？

鈴木　アメリカン・スピリット。でもそれじゃ効かなくなっちゃったんだよね。

叶井　すごいヘビースモーカーで、1日5箱くらい吸ってましたよね。20年くらい前かな、確かトロント映画祭のときに、現地でたまたま会ったじゃないですか。宮崎監督も来ていて「一緒にごはん食べよう」ってなったんだけど、当時海外はすでに禁煙の店が多かったんですよね。でも鈴木さんが「あそこはタバコ吸える」って言うから行ってみたら、本当にそうなの。喫煙所を探すのが超うまい。

鈴木　そう、よく覚えてるねぇ！

叶井　めっちゃ覚えてますよ。あまりにもすぐ見つけるから、来たことあるのかな？　って思いました。

鈴木　違う違う。知らないんだけど「オレが店の主人だったら、あのあたりに喫煙所を作るな」って本能的に分かるの。アカデミー賞に行ったときもルーヴル美術館に行ったときも「喫煙所はここかな」と思ったら、あるんだよ。

叶井　世界中の喫煙所、全部分かりますね。

鈴木　全部分かる。しかし話がぜんぜん本題にいかないねぇ。

叶井　いいんですよ、こういう話で！

鈴木　がんのこと、奥さんはなんて言ってるの？

叶井　悲しんでました。オレは全然悲しくなかったけど。去年の6月に「余命半年」って言われて「あー、半年か」って思うくらいでした。そこから1年たちましたね。

鈴木　これはもう今だからしゃべって構わないと思うんだけど、ジブリをつくってくれた徳間康快（徳間書店初代社長）も、がんで「余命1年」って言われて、そこから10年生きたんですよ。

叶井　マジですか？　10年？　じゃあ一度治ったんでしょうね。

鈴木　分かんないけど、いろいろやってたよ。サルの脳みそ飲んだり。

叶井　サルの脳みそ……？

鈴木　それが効くってんで、さじでつまんで何かに溶かして飲んでた。太陽の光を浴びると、本当に美しかった。

叶井　鈴木さんの本（『歳月』岩波書店）で、徳間さんのスーツを形見分けしようとする顛末があったじゃないですか。あれを読んでびっくりしたんです。徳間さんって、すごくガタイがいい人だとオレは思ってたんだけど、スーツの内側全面にパッドが入っていて本当はすごい痩せていた、って。

鈴木　痩せてた。本にも書いたけど、亡くなる3日前に主治医から「隣のベッドに身体を移動して」って頼まれて「ぼくひとりじゃ無理ですよ」と答えたら、「軽いですから」って言うの。持ち上げてみたら、本当に軽かった。僕がいちばん悲しかったのは、そのときです。

叶井　病気で痩せたわけじゃなくて、もともと細かったと言うことですか。マジで驚いたんですよ、あのスーツの話。

鈴木　そう。「人は見てくれが大事だ」って言ってね。あの人は本当にそういう人だった。やっぱりすごいと思ったよ。でも余命宣告されたときは、さすがに荒れたらしいです。自宅の2階に部屋があったんだけれども、自分の部屋のテレビを階段の下に投げ捨てたりして。でも、そこからもう一度とにかく働き始めた。

「昔から、死が周辺にあった」鈴木敏夫の死生観

叶井　余命宣告を受けるとみんな、いろいろ反応が違うんだなと思いましたね。

鈴木　本当に人によるよね。叶井も、もうちょっと生きるんじゃない？

叶井　そこは分からないですね。膵臓がんはいちばん治らないっていうじゃないですか。オレはもう抗がん剤治療もしてないんですよ。

鈴木　あぁ、僕の中学以来の友達も膵臓がんなんだけど、やっぱり抗がん剤治療はしてないと言ってたね。もうしんどいのは嫌だってことで、治療拒否したみたい。

叶井　これも個人差あるけど、ほとんど寝たきりになっちゃうんですよね。

鈴木　今、僕の周りはがんだらけなんですよ。膵臓がんがもう一人いて、食道がんも一人いて。で

も年を取ったからってわけじゃなくて、僕の妹は若くして病気で死んじゃったし、ひとつ上の親友も若い頃に自殺してしまって、わりと昔から死が周辺にあったんだよね。僕自身も4歳で死にかけているし。

叶井 そうなんですか。鈴木さんの周りに死があるようなイメージは、まったくないですね。

鈴木 実はそうなんだよ。4歳のときに大腸カタルになったの。医者の先生が「親戚の方を集めてください」と宣告して、これはもうダメだ、と。親父の故郷に行っていたときで、親戚が全員集まったの。

叶井 じゃあ、お父さんお母さんも覚悟していたんですね。

鈴木 もう諦めて覚悟していたみたい。どうにか治って「奇跡だ」と言われました。だから僕は、おばあちゃんからずっと「おまえは普通の子じゃない」って言われてたんですよ。死ぬはずだったのに生き残った、特別な子なんだって。なんだか、そういうことが重なるんですよ。それから23歳のときにも……いや、オレの話をしてもしょうがないかもしれないけれど。

叶井 聞きたいですよ。

鈴木 会社に入ってすぐ、24歳の誕生日にお腹が痛くなったんです。右腹だから盲腸なんだけど、僕の家系には盲腸をやった人がいないのね。だから「なんでこんなに痛いんだろう」と思いながら電車に乗って、新橋の会社に着いた途端に動けなくなった。みんなが騒いで、近くの病院に連れて行ってくれたんです。そうしたら、そこの医者が「手遅れだ」って言ったの。それでオレ、急に力が出て「手遅れってなんだ!!!」って叫んだ。

叶井 あはは、そりゃ医者もびっくりしますね。

鈴木 医者が慌てて「いや、ここの施設では治療ができないって意味です」って言うんだ。それで「近くに慈恵医大があって、知ってる先生がいるから連絡します」となって、慈恵医大に行ったら、今度はそこの医者が僕のお腹を触った瞬間「オペ」って。

叶井 早い!

鈴木 人間というのは、深刻なときに滑稽なことが起こるんですね。それを聞いて僕は「(か細い声で)血液検査……」って言ったんです。まだ触っただけで、盲腸かどうか分からないだろうと思って。そうしたら医者が「馬鹿野郎!」って大きな声で言って、ほっぺたをバーンと叩かれた。

叶井 そりゃそうですよ、先生はオペって言ってるんですから。

鈴木 そこからまず体の前側に部分麻酔を打って、そこをつねるんです。僕が「痛い」って言ったら「効かねぇなあ」と。今度は背中から全身麻酔するんだけど、これも効かない。お腹が痛いから神経がいら立ってピリピリしてるんだよね。それで医者が「誰でもいいから、いるやつ全員呼んでこい」って命じて、16人が集まった。その人たちに「おまえは頭の真ん中、おまえは左耳、おまえは右耳、おまえは肩」って僕を押さえつけさせて、的確な指示をして「じゃあ切るぞ」と。

叶井 えー! 麻酔は!?

鈴木 ないのよ。「先生、勘弁して! 勘弁して!」「うるさい!」ブスッ!

叶井　そんなのあります!?

鈴木　そこで驚くべきことが起きた。痛くないのよ。「え？　今切ったんですよね？　痛くないんですけど」って聞いたら、「当たり前だ。中のほうがもっと痛いんだから、切ったって痛くないんだよ」って言うんだ。

叶井　鈴木さん、普通にしゃべってたんだ。

鈴木　4時間くらいかかったかな。単なる盲腸じゃなくて膿が出ちゃってたから、手術の途中でインターンを呼んできて「こんなケースは珍しいから、よく見ておけ。あと2時間だったな」って話してるんですよ。2時間遅かったら膿が心臓に達して死んでいた、と。僕が「先生、手術中に勘弁してよ」って言ったら「うるせぇ、歌でも歌ってろ」って言われて、しょうがないから歌ったの。

叶井　そんなことあるんですか。意識がありながら手術って。

鈴木　宮さんに話したら、その医者は軍医に違いないと。だから麻酔もへったくれもないのよ。それで3日間絶対安静で水も飲めず寝返りも打てずに過ごして、4日目の朝に医者が来た。「ちょっと脅かすけど、びっくりするなよ。あらかじめ言っておくからな。中にはショック死するやつもいるから」って言うんです。「もったいつけないでくださいよ」って言ったら、手鏡渡されて「自分の顔を見てみろ」と。僕は見た。

叶井　何、何、何？

鈴木　全部真っ白。

叶井　髪が?

鈴木　そう。「手術中に黒が白になったんだよ」って。「3カ月もすれば元に戻るから」って言われたけど、あれは忘れられないね。

叶井　『あしたのジョー』ですね。ホセ・メンドーサだ。

鈴木　だって麻酔なしでメス入れたんですよ。見せましょうか?(傷跡を見せる)

叶井　うわ、結構えぐい!　50年以上前の傷がまだ残ってるんですね。

徳間康快、高畑勲、大塚康生、坂本龍一、みんな死んでいく

鈴木　そういうわけで、なんだか死はずっと身近だったんだ。それこそ徳間康快の死にも立ち会ったし。

叶井　高畑監督も亡くなっちゃったし。

鈴木　高畑さんも、大塚康生も死んじゃった。当たり前なんだけどね、みんな死んでいくんですよ。

叶井　人間、誰でも死にますからね。

鈴木　これは話そうかどうしようか迷っていたんだけど、しゃべっちゃうね。この間、知り合いか

ら「犬を預かってくれ」って言われたの。名前はたおん。そのたおんが病気で余命がなくて、最期に良い医者に見せたいんだけど、その人は遠くに住んでるんだよね。恵比寿ならすぐ病院に行けるからってことで、ちょっと預かったんです。残念ながら持たなくて、この夏の猛暑のさなかに死んじゃったんですけど。

叶井 預かってどれくらいで？

鈴木 2週間。

叶井 結構長かったですね。

鈴木 それだけ一緒にいたら情も移るよね。僕はもともと犬好きだから。そのたおんが死ぬときに、生まれて初めての経験をするんですよ。飼い主とみんなで最期を看取るとき、まだ生きているたおんを触りながら、僕は思わず心臓に手を当てたんです。そうしたら、その心臓がね、ドクンドクンと波打っているのが突然、止まった。これは忘れないですね。そうやって死を実感したのは初めてでした。自分の親父でもおふくろでもそんなことはなかったから。死ぬっていうのは、こういうことなのかと実感した。

叶井 鈴木さんだったら、「余命半年です」って言われたらどうします？

鈴木 何もしようがないよね。普通にしていたい。そうはいっても実際に宣告されたらジタバタするんだろうけれど。

叶井 いや、意外にしないいんじゃない？　僕は全然ジタバタしてない。「余命半年」って言われて、この世にまったく未練がないなと思ったもん。もう終わらせてもいいな、って。

鈴木　なんで？　居座ったらいいんじゃないの。死んじゃうってつらいですよ。親友が亡くなってしまったって、さっき言ったでしょう。そのとき僕は30歳だったんだけど、身代わりとして生きなきゃいけないなって気分はどこかにあるんですよ。そいつにはいろいろ夢もあって、何かをやってのけたい人だったの。僕なんかは本当のことを言うと、そんな気持ちはまったくなくて、そいつのそばにいて「そんなこと考える人がいるんだな」と思っていたら死んじゃった。そこで何か託されたような気がしてね。少しは頑張らなきゃって思ったのは間違いない。

叶井　なるほど。僕は仲いい人が死ぬ経験がまだ、あんまりないので分からないですね。

鈴木　節目節目でそういうことがあった。で、年を取るとね、少し変わってくるんだよね。そんなに親しかったわけじゃないんだけど、ひょんなことで坂本龍一さんと仲良くなったんです。

　彼から声をかけられて、映画音楽について2人で話すイベントをやって、予定が1時間のところを2時間しゃべったのかな。ものすごく楽しい時間だったんだよ。その後もコンサートに呼んでいただいたり、メールのやり取りをしたりしていて、もう少し会って話したいなと思っていたけれど亡くなってしまった。

　そのときに何かが襲ってきたんですよね。彼の死が重く迫ってきた。そういうことは今まで経験がなかったから「年かな」って思いました。年を取ると当然そういうことが増えますよ。高畑さんは「やりたいことがまだいっぱいあるんですよ」って言いながら死んでいった。

叶井　そうだったんだ。

鈴木　やりたいことがある人は無念だろうなって気がする。宮崎駿なんか見ていると、なんていうんだろう、やっぱりしぶといよね。

叶井　宮崎監督は次回作も何か考えていたりするのかな。

鈴木　この映画次第だと思う。『君たちはどう生きるか』(23)がヒットしたら、かな。

叶井　もうヒットしてるじゃないですか！

鈴木　いや、あの人は欲張りだから。

叶井　興行収入100億円いく勢いじゃないですか。もう大ヒットだと思いますね。どのくらいまでいったらヒットなんでしょうか？

鈴木　分からないけど、ヒットしたと自分で思えたら、またやりたいんじゃない？　だからヒットしなかったらやめちゃう。たぶんそうだと思います。

叶井　宮崎監督の中でヒットの基準があるんだね。でも、すでに社会現象に近いじゃないですか。

鈴木　おかげさまで、ありがたいです。

叶井　それにしても、まったく宣伝しないって手法はすごかったですね。

鈴木　年取ったからさ……。

叶井　あはは、めんどくさかったんですか？

鈴木　(顔をしかめる)

叶井 どうなんですか。
鈴木 『インディ・ジョーンズと運命のダイヤル』(23)を見たときは、この作品の宣伝を真剣にやってみたいと思った。インディアナ・ジョーンズが、あの年まで研究に没頭して冒険の旅に出て、家を顧みなかったから女房に追い出されて、仕方なく、また研究室へ行こうとしたら「今日が最後の日ですね」ってみんなにパーティーを開かれるって……。良かったよ。あの作品、大好きだった。
叶井 おじいさんなのに頑張ってるっていうね。それこそ宮崎監督も80歳じゃないですか。
鈴木 その内容を宮崎駿に話したら「いい話だな」って。「そりゃあ気持ちがよく分かるよ」って言ってたね（笑）。
叶井 マジですか。見てほしいな。

「遺作が『あくまのプーさん』は死に対する冒涜だよ」

――いくつか質問をさせてください。叶井さんはあっけらかんとしていますが、自分はやはり死ぬのが怖いと思ってしまいます。
鈴木 そりゃ当たり前ですよね。ニヒリズムの人もいるだろうけれど、「人間はいつか死ぬ」って鷹揚に構えることは、僕もできないですよ。でも、すごい年を取れば、そういう気分になるかもしれないですね。中身がなければ、いたずらに長生きしたってしょうがないわけでしょう。叶井俊太郎の場合はね、これはもう、この人の生き方だから。だって遺作が『あくまのプーさん』だよ。これはないよねぇ。

叶井　普通はないですね。

鈴木　それは死に対する冒涜でしょう。それを最期まで貫くのは叶井俊太郎らしいよね。僕なんかできないもん。もっと立派な作品を、って思っちゃう。

叶井　死ぬ前に『あくまのプーさん』とかやってる場合じゃない。どこまでいけるか分からないけど、今も低予算のホラー映画を作ってるんですよ。

鈴木　まだやってるの？

叶井　今は『ホラー版桃太郎』と『ホラー版花咲かじいさん』を制作してます。

鈴木　成仏できないねぇ。

叶井　エンドロールに「叶井俊太郎に捧ぐ」って入れてもらおうと思ってます。ちょっと宣伝になるかもしれないし。

鈴木　しぶといなぁ。

——叶井さんは、今も映画を作り続けているのに、この世に未練はないんですか？「もっとこういう作品を作りたかった」とは思わない？

叶井　違う違う、そうじゃない。
鈴木　この人は嫌なんだよ、そんなの。「ちゃんとやりたいことやってきました」って格好つけたいの。
叶井　そうそう。その通りです。
鈴木　そうでしょう。そういう気持ちはよく分かるよ。
叶井　末期がんだって言うと、周りが「仕事辞めて旅行とか行けばいいのに」とか言うんですよ。
鈴木　そんなのは、行ったってしょうがないじゃない。
叶井　そう、行ってもしょうがない。仕事が気になって、おちおち休んでられないんですよね。だから、仕事して忙しくしているのがいいのかもしれない。長生きしてる人って、たぶんそういうモチベーションがあると思います。
鈴木　絶対あるね。
──個人の死生観はそれぞれにあると思いますが、一方で死に対する社会の空気感というものもあると思います。今の日本では死というものをどこか軽くとらえているような感覚があるのですが、鈴木さんはどう思われますか。
鈴木　しょっちゅうそういうことは思いますよ。僕がいつも思い浮かべるのは葬式のことなんです。葬式に行くと棺桶があるでしょう。亡骸を入れて蓋を閉めて、昔はその後、石で釘を打っていた。

叶井　石で釘を？　何それ。

鈴木　棺桶の四つ角に石でコンコンって釘打って閉じるの。

叶井　そういう儀式があるんですか？　知らなかったです。

鈴木　あったの。あの音が良かったんですよ。あれを聞くとみんな気持ちがぐっときた。死を実感できたんです。ところが、それをやらなくなっちゃったでしょう。

叶井　葬儀場の都合でなくなったんじゃないんですか。

鈴木　いや、やれるんだけど流行が廃れてなくなったんですよ。そういうふうに、死を実感できるものが社会から減っているんだと思う。命あるものが死んでしまうとはどういうことなのか、みんなが思い出すチャンスをもっといっぱい作ったらいいんじゃないかなというのが僕の意見です。

叶井　じゃあ僕が死んだら石で釘打ってくださいよ。

鈴木　やってよ。石を用意するように、倉田（真由美）さんに言っておいて。

叶井　言っておきますよ。

写真/二瓶 綾

鈴木敏夫(すずき・としお)

株式会社スタジオジブリ代表取締役プロデューサー。1948年生まれ。72年慶応義塾大学文学部卒業、徳間書店に入社。「週刊アサヒ芸能」を経て、78年アニメーション雑誌「アニメージュ」の創刊に参加。副編集長、編集長を12年あまり務めるかたわら、84年『風の谷のナウシカ』、86年『天空の城ラピュタ』、88年『火垂るの墓』『となりのトトロ』、89年『魔女の宅急便』など一連の高畑勲・宮崎駿作品に参加、89年から同スタジオの専従に。以後、91年『おもひでぽろぽろ』から2020年『アーヤと魔女』まで、全作品の企画・プロデュースに携わる。2014年、第64回芸術選奨文部科学大臣賞を受賞。『ジブリの哲学──変わるものと変わらないもの』、『ジブリの文学』(いずれも岩波書店)、『南の国のカンヤダ』(小学館)、『読書道楽』(筑摩書房)、『スタジオジブリ物語』(集英社)など編著書多数。

エンドロール！ 2

［構成］伊藤 綾

●映画プロデューサー

奥山和由

自身が余命半年と告げられたら――

「今目の前にあることをきちんとやろうという感じかな。」

奥山さんは映画プロデューサーでありながらもアウトロー的な存在だし、邦画界におけるレジェンドの一人だよね。キャラだけでやっていけてる、それがすごいよ。去年の夏に『ランサム』って映画の宣伝を頼まれて、オレは「がんで、そこまで生きてるか分からない、責任取れない」って言ったんだけど、「この仕事だけはやり遂げろ」って。優しい人だよ、週一くらいで「大丈夫か」って連絡くれるんだもん。

叶井　奥山さんのことは映画業界に入る前から知っていて、奥山さんと仕事するようになってオレはうれしかったんですよ。30年以上前からレジェンドだし、それまでオレは邦画とあまり接点がなかったんで。

奥山　いつも、どんな対談であっても「何も考えないで来ました」と言いつつ、何かしらイメージがあるもんだけど、今回に限っては本当にイメージが湧かなくて。

叶井　まあ、末期がんの人間と対談ってあまりないですよね。

奥山　こう言うとアレだけど、叶井俊太郎が元気だったら、あなたとの対談の仕事なんて断っていると思うんです。人の話を聞かないから。

叶井　そんなことないでしょ！

奥山　いや、叶井俊太郎はやっぱり永久欠番のキャラクターだと思うし、オレが聞き役に回っちゃうから対談にならないと思うわけ。叶井が余命半年の宣告を受けたと聞いたときも、「まあ、あと

10年ぐらい頑張れよ」と言うことしかできなかったし。

叶井 奥山さんはそうでしたね。

奥山 ある意味、失礼なことを言ってしまったかもしれないけど、やっぱり寂しいよね。本人を前にして言うのもなんだけど、あまり信じたくない。信じたくないし、叶井俊太郎に代わる人間は永遠に出てこないだろうなと。

叶井 ありがたいですね。

奥山 能力は大したことないけど。キャラクター的な話。

叶井 そこですか!

奥山 でも、この仕事は「キャラクター＝能力」だから。「映画ってある種ギャンブルなところがあるから」と言いつつ、結果に対して不満で、腹が立つこともあるんですけど、叶井に任せた場合は、悪くてもなんとなく諦めるしかないという。「あまり腹立ててもしょうがないな」って思えるキャラクターって重要なんです。

叶井 一緒に仕事してコケても、全然怒りが湧かない人って、たまにいますね。「あいつだったらしょうがないか」と。

奥山 それは〝かわいげ〟とは、またちょっと違うんだよな。オレも来年70歳だし、ずっと背中を見てきたような先輩たちが、どんどんいなくなっていくじゃん。監督にしろ、配給にしろ。当然、存命であっても業界から去っていく人もたくさんいて、今、みんないなくなっちゃったなという実感があるんです。そういう中で、叶井俊太郎はずっと生き残るだろうと思っていたの。叶井という人間の良さだと思うんだけど、彼は逃げないから。

叶井　逃げ方が分からないですね。

奥山　逃げる技術もないというか。逃げるほどモノも考えていないというか（笑）。悪びれもせず「あ、あれダメでした」って報告してくるから。腹立つこともあるけど、声や見てくれで、なんか納得せざるを得ない。実は最近も『ランサム』(23)って映画で世話になったけど、叶井から「先が長くないかもしれない」と言われて、そこで彼に決めちゃったんですよね。キャラクター的に、彼ならこの映画を面白がってくれるんじゃないかなという思いもあって。

叶井　昨年、お話いただきましたね。

奥山　なぜ室賀厚監督と『ランサム』をやったかというと、まず石井隆（映画監督）が亡くなったじゃないですか。

叶井　22年5月に亡くなられて。奥山さんは『GONIN』(95)とかで石井さんと一緒にやっていましたよね。『GONINサーガ』(15)も奥山さんですか？

奥山　『GONINサーガ』は関わりかけて途中で外れて。最終的にはKADOKAWAでやったら、その『GONINサーガ』が思ったような結果にならなかった。やっていた人たちには悪いんだけど。

叶井　そんなでした？

奥山　少なくとも石井は最悪だと思ったんでしょう。石井がストレスで不眠症になり、10キロ太って、こもっちゃった時期があるんです。それで一緒に何かやろうと声をかけて『GONIN』をブロー・アップした『SEVEN』(未完)とか、『黒の天使』(98〜99)みたいな女性アクションものの『アンジュ・ノワール』(未完)とか、映画の脚本をガンガン書いてくれたんです。その中には金子正次の『盆踊り』の脚本を彼が加筆したものまであるんですけど。

――『盆踊り』は『金子正次遺作シナリオ集』(幻冬舎アウトロー文庫)にも収められている作品ですね。

奥山　でも、なかなかスポンサーが付き切らなくて、早くやんなきゃと思っていながらも、動かせないまま石井が亡くなっちゃったんですよ。

だから以前、『SCORE』(95)を室賀に監督してもらったときに、彼に「コケたら二度と撮れないぞ」と散々言っていたんだけど、コケちゃったんです。でも、コケようがなんだろうが、「絶対、お金は落ちないだろうけど、室賀にはある種の才能があるよな」って思って、「じゃあそこにファイナンスしたい」みたいな、殊勝なことを考えたってわけ。

残された者は、作り手たちの怨念とどう向き合うべきか

奥山　70歳とかになると誰でもそうだと思うけど、自分の死を意識しますよ。死ぬまでのカウントダウンはオレの中でも無意識に始まってしまっていて。それまでに何ができるか。自分にしかやれないことがあるなら、生きているうちにやることやっておこうという感覚があるんです。というか、やる仕事がいつの間にか、そうなっていくんだよね。

叶井　石井監督の晩年の脚本は、そのままお蔵入りなんですか？　今聞いたら『SEVEN』とか見たいんですけど。

奥山　イメージキャストとかも決まって、制作資金の交渉まで始まっていたんだけどね。いかんせん日本のヤクザと中国マフィアが大決闘するスケールのデカい話で。船がバンバン走ったりもするから……。

叶井　日中ロケは金がかかるね。

奥山　吉本興業の大﨑（洋）さんにも相談して、吉本の芸人さんなんか『GONIN』好きが多くて、人もいっぱいいるから実現する目前までいったんだけど、ちょっと空中分解しました。

叶井　残念ですね。

奥山　石井の演出って特殊だし、その素晴らしい脚本を彼なしでやることは怖いなとも思うところもあって。やっぱり作り手の怨念ってあるじゃない？

叶井　引き継ぐ監督も、その怨念にやっぱり振り回されるし。

奥山　金子正次に関してもそうだったもん。彼は『凶弾』（82）に出演したときに、自分が監督・主演の映画を松竹に持ってきたんだけど、松田優作主演じゃなきゃダメと上に却下されて。その後、自分で脚本・主演した『竜二』（83）を、自分が集めた金で小さく作り、当てたわけです。

叶井　そうですよね。

奥山　だから彼が亡くなったとき、残された脚本を金子以外の役者でやることが怖くて、オレは到底できなかった。

叶井　金子さんは自分に主演の話が来ないから、自分が主演する作品の脚本を書いていたわけですもんね。『獅子王たちの夏』（91）は、またちょっと違うでしょうけど。

奥山　でも、『竜二』から40年近い歳月が過ぎて、仮に金子が存命でも主演できない年齢になっているから、彼が自分の故郷を舞台に書いた『盆踊り』を映画化しようとしているということなんですけど。これが何度やっても、何らかの事情で成立しない。

叶井　それはやっぱり金子さんの何かが……。

奥山　いや、そっちの世界はよく知らないけどさ。オレの講演会で金子正次の娘さんにお会いしたこともあって、仮に金子からお願いされていた映画が形にならないままオレが死んで、「結局やってくんなかったじゃん」とか、あの世で文句言われるのも嫌だなと。それで石井隆にも『盆踊り』の話を持っていったんだけど。

叶井　なるほど。

奥山　石井の『盆踊り』は完璧に金もそろって動き出す予定だったのに、本を書き直しすぎて、「金子の気持ちを考えるとできない」と石井が降りてしまって空中分解。だから今、石井と縁が深かった武正晴に話を持っていったと。

叶井　武監督がやるんですか。今、動いている?

奥山　ほぼお金も集まって動き始めていたところでコロナ禍ですよ。2021年11月に撮影の予定だったんです。作品の舞台が金子正次の故郷の愛媛県・津和地島なんだけど、東京五輪が終わったばかりのタイミングで、東京から人間が大勢来たら大変だと。

叶井　あら。でも、撮影延期ってことは、まだ武監督でやる可能性もある?

奥山　今ちょっとペンディング状態です。やるとしたら、もう武でやらなきゃなと思っています。お金はほぼ集まり、主演もほぼ決定しているから、時期を見てだね。まあ、そんなふうにして仲間の死に向き合ってきて、自分のやることが絞られてきたというか。

叶井　まあ、いずれみんな死にますからね。

奥山　叶井が余命半年と言ったときに、オレもビジネスとして正解かどうかってことを超越する時期に入ったんだろうなって気がするんだよ。プロデューサーである以上は、もちろん金勘定して結果を出さなきゃいけないけど。自分の中で仕事のウエイトが、やっぱり変わったね。もっと稼ぎやすいことって絶対あるけど、それは他の人に任せればいいか、みたいな。って、ちょっと偉そうな気分になっていますよ。

「叶井を支えてきたのは、ひたすら女性だよ」

奥山　『クラッシュ』(98)というレーサーの太田哲也が雨の富士スピードウェイで炎上した事故から一命を取り留め、レースに戻ろうとするドキュメンタリー映画をやったことがあって。彼は事故で全身焼かれているときに、死神や走馬灯を見たんだって。

叶井　へー、すごいっすね。

奥山　そういう経験をした太田に「あの世や神を信じているか?」って聞いたら、「信じていない」と言うんです。あれは記憶が蓄積されている側頭葉が、死にそうになって活性化した働きによるものだと。それは人間だけでなく動物にも組み込まれているシステムみたいなものらしい。ディア・ハンターは、鹿が仕留められた時に幸せそうな涙を流すのをよく目撃するとか。

叶井　なるほどねぇ。奥山さんは余命半年と言われたらどうします?

奥山　改めて考えると、叶井俊太郎と同じように、やることはそう変わんないんじゃないかなって気がする。イメージが湧かないけど、人間生かされている以上、今目の前にあることをきちんとやろうという感じかな。叶井の場合、あまりきちんとはやんないけどね。

叶井　やっているじゃないですか！　日々のルーティンとして。

奥山　叶井俊太郎は女に支えられて生かされてきた人生だから、ズルいよな。

叶井　それは否めないかもです。

奥山　オレが初めて叶井俊太郎を見たときは『アメリ』の頃で、当時は近づくのも面倒くさいぐらいパーティーでブイブイだったわけですよ。「あー、あれが叶井俊太郎か」と思って、「どれ食っちゃおうかな〜」みたいな顔している姿を離れたところから眺めていたけど、「これは女性も寄るわ」と思ったね。

でも、ホストのような人種とは、また違う魅力ですよ。どうやら性欲という強烈な本能はあるみたいだけど、自分から媚を売らないというか、その本能に計算がない。一種の王国がそこにできていて、あるがままにその場にポンと立って、女を引き寄せている。オレは無神論者だけど、神は随分と強烈なものを彼に与えたなと思いましたよね。この人は一生こうやって幸せに生きていくんだろうなと。

叶井　あははは、そうですか。

奥山　ホラー映画か何かと間違えて『アメリ』を買ってきても、『日本以外全部沈没』（06）なんて映画をやっても、〝有識者〟たちの範囲外の存在だから許されるんです。これがプロデューサーとして緻密な計算のもとに、金儲けしてウハウハしていたら各方面から非難されますよ。

でも、叶井はそこの計算が大ざっぱなんてもんじゃないから。無欲なわけじゃないんだけど、欲にいやらしい変な濃さがない。それが叶井俊太郎を生かしてきたと思います。そして、叶井を支えてきたのはひたすら女性、ということだよ。

叶井　若かりし頃は奥山さんも〝奥山ガール〟がいたじゃないですか。モデルの卵みたいなチャーリーズ・エンジェルたちが。僕が業界に入る前、テレビとかで見ていましたよ。

奥山　それは、叶井俊太郎と一緒にされるのは納得できない。オレの場合はサポートする側だし、当時は戦線で相当リスクを負って戦っていましたから。叶井は戦ってないじゃん!

叶井　ハハハ、確かに。奥山さんは90年代半ば「シネマジャパネスク」で戦っていましたね。すごいなと思って見ていましたよ。劇場が洋画に切り変わっていく転換期に日本映画を全身武装で支えていました。

奥山　支えたというか……当時は大変な状況だったじゃん。今もかたちを変えてひどい状態だけど、その頃は非常に作為的なかたちで既得権益が働いて、制作部門が追い詰められて。映画に興味もないおっさんたちからあじゃこうじゃ言われることが煩わしく感じていたし、リスクを取らないと日本の映画作りを守れないと思っていた時期だったからね。

──「シネマジャパネスク」は邦画の新しい製作・興行体制の構築を目指して、専用上映館を軸に低予算映画を上映するプロジェクトですね。CS放送チャンネル「衛星劇場」のオリジナルコンテンツ製作の側面も持っていたとのことですけど。

叶井　今考えても、シネマジャパネスクって壮大なプロジェクトですよ。

奥山　当時はCSが台頭してきた頃で、親父（奥山融＝元松竹社長）が松竹の子会社で衛星劇場を先陣切って始めたんですよ。月1800円の会費を取るサブスクみたいなモデルで、ビッグ黒字マウンテンを築いた。その黒字を使い、先行投資的に映画を作って若手監督を育てるという話で。

叶井　今でいうネットフリックスと同じですよ。

――プロジェクト第1作は阪本順治監督『傷だらけの天使』（97）、2作目が今村昌平監督の『うなぎ』（同）で、黒沢清監督の『CURE』（同）などの作品がラインアップされていくという。

奥山　新人監督は絶対に海外で賞を獲るべきだってことで、その道を切り開くために『うなぎ』を投げ込んだんですよね。同時にワールドワイドなプロジェクトにしたかったから、台湾のホウ・シャオシエン監督の『フラワーズ・オブ・シャンハイ』（98）とかも引っ張ってきて。

叶井　そういう考えだったんだ。『うなぎ』はカンヌでパルム・ドール獲りましたもんね。

自分が宿命的に背負っている仕事を淡々とやること

奥山　一方で『ＲＡＭＰＯ』(94)が成功した勢いで、ロバート・デ・ニーロの製作会社トライベッカ・プロダクションと組み、50億円規模の映画ファンドが当時できたんですよ。

叶井　デ・ニーロとのファンドについては、映画業界的にみんな仰天していました。

——『ＲＡＭＰＯ』は江戸川乱歩生誕１００周年や松竹創業１００周年を銘打った大作ながら、内紛によって異なる監督の2バージョンが同時公開され、未だＤＶＤ化されていない作品ですね。邦画史上に残る珍事が当時かえって効果的な宣伝となり、興収20億円超えのヒットとなったという。

奥山　スキャンダルまみれで絶対に失敗すると思われていた中、『ＲＡＭＰＯ』が大きな利益を出したとなると、これはやはり金融商品になるんです。それで、その映画ファンドとシネマジャパネスクを3年後にドッキングさせる予定で、それが実現したら、もうひとつ別の映画界ができていたんです。でも、業界の上層部は自分たちの椅子が危うくなるから、つぶさざるを得ないと。

叶井　あの頃だって奥山さん30代後半ですよね。すごいよなぁ。

奥山　松竹でのクーデターが粉砕されて、一緒に戦える人間を探していたちょうどその頃に、『アメリ』で女子に群がられていた叶井俊太郎を見たわけですね。

叶井　なるほど。

奥山　女性からの求心力も抜群な叶井を抱き込めば戦力になるかもしれないと考えて、「近づいてみようかな？」と思ったけどやめた。

叶井　はは、やめたんですか。

奥山　話す以前に、遠くから見ていて、なんというか……こいつ頭の中どうなっているのか分からんと。天然の魅力はある程度こっちの体制ができたあとで、スポットで来てもらうほうがいいだろうと思って。

叶井　ひどい話だ。

奥山　それで『地雷を踏んだらサヨウナラ』（99）とか映画プロデューサー・李鳳宇さんの配給作品の仕事が何本か続いていた頃、三池崇史の『ＩＺＯ』（04）という変な映画の企画があって。その宣伝をしろと、僕が内田裕也さんから赤坂の高級ホテルの喫茶店で迫られたことあるんです。裕也さんに「断ったらこの場で暴れる」とか、めちゃくちゃなこと言われて、「まあ、いいか」ってその場では引き受けたんですけど。李さんに「オレこの宣伝やんのキツいわ」って相談したら、「あ、いいやついますよ。叶井ってのがいて」と。

叶井　いや、そういう感じ……？

奥山　「あー、そっか。こういうときだよな、叶井俊太郎の登場は」と。それで李さんが「叶井に、奥山さんから相談があると伝えました」って言うんで電話したんだけど。留守電を残しても一向に折り返しがない。やっと出たから「私、奥山という者なんですけど」と言ったら「なんか用事?」って。
叶井　そんなこと言いませんよ!　絶対に言っていない!
奥山　いや絶対に言ったね。今でも言いそうじゃん。こっちも「上等だよ」と思って。「用事ないわ」って、そのときは電話切っちゃったけど。

女性が叶井を支え、スポンサーが奥山を支える

奥山　こうやって思い出話をワーワー言えるやつがいてくれないとオレも困るわけよ。
叶井　まあ、そうなんですけど。もう仕方ないんですよね。
奥山　この前、宣伝の現場で、立ち会っている叶井に「この時間もったいないとか思わないの?」って聞いたでしょ?　「残りの時間であれやんなきゃとか、これやんなきゃとかないの?」って。そしたら「全然ない」と言うから。その達観ぶりってすごいよな。
叶井　余命半年の宣告を受けた段階で、この世に未練がないということが分かりましたので。『ランサム』とかの仕事しているのが、いちばんいいです。

奥山　なんか必死さがない分、楽しそうでいいよな。

叶井　いや必死でやっているんですよ、こっちは！

奥山　印象だけでいえば、死にそうにないけどなあ。手術の話とか聞いて、初めて現実なんだと思う程度で。「来年こういう映画やるからどうだ？」と言ったら、「いや、それまで保ちませんよ。無理無理無理無理」とか言うんだけど。なんだかなと思ってね。

叶井　しょうがないですよ、やっぱり膵臓がんってやつは。奥山さんが「大丈夫か？」って、優しいLINEをたくさんくれるから、うれしいですよ。

奥山　なんで死んでほしいやつは、なかなか死なないのかね？

叶井　死なないね、ははは。

奥山　でも、配給や宣伝マンなら取材現場とかに立ち会うって必要なことだし、そういう意味では、ずいぶん立派な余命の過ごし方をするんだなと。人生がカウントダウンに入っているというときに、そんなに仕事しなくても……とも思うけど。自分が宿命的に背負っている仕事を淡々とやることは、ひとつの正解なんだろうな。

叶井　奥山さんってすごいなと思うのは、常に新しいスポンサーというか、お金出す人がいるじゃないですか。

奥山　まあ、女性が叶井を支えたのと同じように、なんだかんだ助けられていますよね。ギャガや日活を買収していたナムコに入ったのも、オレが松竹のクーデターでバタついているってニュースを見た創業者の中村雅哉氏から、わざわざ話をもらったので。面識ないのに、秘書の方が調べて電話してくれたんです。

叶井 なるほど。10年弱とか、けっこう長い間在籍してましたよね。一時は日活の役員もやられていましたし。

奥山 今のチームオクヤマの原型を作ってくれたのはナムコですね。資本金5億円を用意してくれましたし、『地雷を踏んだらサヨウナラ』の著作権とかも譲ってもらいました。それで次にナムコ傘下で独立すると言った3日後、赤坂の豊川稲荷を歩いていたら「奥山くん、いま何やってんの?」と声かけてくれたのが、東北新社の創業オーナーの植村伴次郎。

叶井 東北新社にいたのは6年ぐらいですか。植村さんと奥山さんはもともと面識あったんですか?

奥山 松竹時代にあいさつしていたぐらい。いきなりセンチュリーが歩道に寄ってきて、パワーウインドウが開いたからびっくりしましたけど。後日、聞いたら「奥山くんの夢を3日間連続で見たから声かけた」と言っていましたね。辞める時も植村さんはずいぶん止めてくれましたよ。

叶井 その次が吉本ですね。

奥山 吉本へ行ったのはオレの親父が亡くなって、09年に京都の祇園会館の社長を継いだのがきっかけなんですよね。500席くらいの劇場で映画館としての活用は難しいなと思っていたところに、吉本興業が「祇園花月をやりたい」と飛び込んできたんです。当時すでに大﨑さんが吉本の社長で、実は大﨑さんとは松竹時代に30秒でケンカ別れしていたから、最初は参ったなと思いましたけど。

叶井　へぇ、そうなんですか。

奥山　いろいろあって松竹時代はもちろん、オレが松竹離れた後も吉本とは没交渉。でも大﨑さんが祇園会館を見に来るとなって、しかも愛想よく「奥山さん、よろしくお願いします。初めまして〜」って名刺を出してくるんです。こっちも「初めまして〜」ですよ。

叶井　奥山さんも初めましてって言ったの？

奥山　言ったよ。こっちは500人以上入るバカでかい劇場の家賃を払ってくれるなら、とにかく入れちゃいたいし、本当に忘れている可能性もゼロじゃないから。劇場を案内しているときも「いいですね〜。最高じゃないですか〜」「おかもっちゃん（岡本昭彦・現吉本興業ホールディングス代表取締役社長）、ここに決めよう。もう契約って感じで」みたいな。最後は「私たちツイてますね〜、お互い」って感じで別れて、すぐお礼メール送ったわけ。

叶井　はいはい。

奥山　でも、やっぱり気になるから「あのときのこと覚えてますか？」と一行つけて送ったら「もちろんです」って。

叶井　しっかり覚えていたんだ。

奥山　それで「本業は不動産屋ではなく映画プロデューサーなので、一緒に映画を作る機会があったらよろしく」みたいな話をして、その後、吉本の映画担当になると。オレが吉本へ行ったとき、周りから「1年持たない」と言われたけど13年続いたよ。

叶井 僕も吉本は映画なんか絶対やらないと思っていました。

奥山 正直、映画との親和性はあまりないんですよ。でも、だからこそ大崎さんとしては夢があっただろうし、年代的にもオレと同じような年齢だから映画というものに対して心躍る部分があったんだと思うよ。

「側頭葉ないかもしれません」

叶井 23年6月に大崎さんは吉本の会長を退任されましたよね。現状、奥山さんはどうなるんですか。そのまま吉本に残るんですか?

奥山 京都の映画祭とか自分が吉本で始めたことはやっていこうって感じかな。大崎さんとはやっぱりちょっと稀有な深い関係があるから、一緒にやっていこうかなと思っていますけどね。……叶井俊太郎は最高だって話、もっとしとく?

叶井 いや、気持ち悪いです。

奥山　かと言って、叶井のほうから最後にオレを持ち上げられるのも気持ち悪いからな。

叶井　やらないよ、そんなこと。今回の本、〝あとがき〟すらいらないかもと自分では思っていますから。

奥山　どうしても遺言書みたいになっちゃうだろうし、似合わないかもな。「今まで関係を持った女性の名前をここに記して終わります」とかが最高じゃん。

叶井　全員は無理ですね。「覚えてるのはこれぐらいです」って。フルネーム言えるのって一人もいないんじゃないですか。

奥山　ひどい話だよね。

叶井　結婚した人は分かりますよ。

奥山　4回も結婚した臭みがないところが不思議だよね。なんでわざわざ結婚したの。相手が「結婚してくれ」と言ったから？

叶井　何も考えてないんですよ。「結婚しようよ」って言うから「いいよ」って感じだと思います。

奥山　離婚の時も同じ？「ここに名前書いて」「はい」って。

叶井　「別れたい」って言われたらしょうがないもん。でも「全然いいよ。別れよう」とか言うのも失礼だから、一応、礼儀として「まだ別れたくないよオレ。なんで別れるの」って。

奥山　一応「なんで？」くらいは聞くんだ？　それ聞いたところで自分の糧にしようなんて気持ちはサラサラないのに。

叶井 最後の挨拶みたいなもんですね。離婚も含めて、ほとんどフラれる方ですよ。

奥山 でも、そんな叶井もいよいよってときは、側頭葉が活性化していろんな女性との幸せな思い出がドバーッと……。

叶井 それ最期としてどうなんだろう。それに走馬灯とかって事故とかの場合だけじゃないんですか？

奥山 息を引き取る直前って人間や動物は側頭葉が活性化するものらしいよ。だから病院とかで最期を看取った人が「いまわの際に一筋の涙を流しました」とか、よく言うじゃないですか。……まあ、叶井の側頭葉はちゃんと動くかは分からんけど。

叶井 側頭葉ないかもしれません。

奥山 「『ランサム』ちょっと客入り悪すぎるから1人でも2人でも増えるといいですね」とか思いながら死んでくれるのか？

叶井 「もうちょっとなんとかなりませんかね」とか言ってね。

写真／二瓶 綾

奥山和由（おくやま・かずよし）

1954年生まれ、東京都出身。20代後半からプロデューサーを務め、『ハチ公物語』（87）『遠き落日』（92）『226』（89）などで興行収入40億を超える大ヒットを収めた。一方、『その男、凶暴につき』（89）で北野武、『無能の人』（91）で竹中直人、『外科室』（92）で坂東玉三郎など、それぞれを新人監督としてデビューさせる。『いつかギラギラする日』（92）『GONIN』『ソナチネ』（93）などで多くのファンを掴む他、今村昌平監督で製作した『うなぎ』では、第50回カンヌ国際映画祭パルムドール賞を受賞した。94年には江戸川乱歩生誕100周年記念映画『RAMPO』を初監督、98年チームオクヤマ設立後第一弾の『地雷を踏んだらサヨウナラ』は、ロングラン記録を樹立。スクリーン・インターナショナル紙の映画100周年記念号において、日本人では唯一「世界の映画人実力者100人」のなかに選ばれる。日本アカデミー賞優秀監督賞・優秀脚本賞、日本映画テレビプロデューサー協会賞、Genesis Award（米国）他多数受賞。18年、自身が監督したドキュメンタリー映画『熱狂宣言』が公開。近年では更に18年『銃』（企画・製作）、19年『エリカ 38』（製作総指揮）、20年『銃 2020』（企画・製作）、20年『海辺の映画館』（エグゼクティブ・プロデューサー）21年『女たち』（制作）、23年『ランサム』（製作総指揮）に携わる。19年には『黙示録 映画プロデューサー・奥山和由の天国と地獄』（春日太一著）が出版され話題を呼んだ。

エンドロール！3

［構成］伊藤 綾

Kダブシャイン

●ヒップホップMC

自身が余命半年と告げられたら——

「レコードとか機材とか売ったり、死後どうするかは考えるかな。」

中学のときから付き合いがあるやつの中で有名になった唯一の人がKダブだったんだよね。ずっと一緒に過ごしてたから、そういう話をするのも面白いと思って。Kダブにがんだって言ったら、一緒に遊んでた連中を集めて飲み会に誘ってくれたりして。中学ぶりに連絡が取れたってやつも3人くらいいて、すごく懐かしくてね。みんなも、再会できたのは叶井のがんのおかげだって。がんになったのを褒められてもしょうがないんだけどさ。

Kダブ　今日はサングラス持ってきたよ、泣いてもいいように。

叶井　いや、がんの話してからも、死ぬほどしゃべってんじゃん。

Kダブ　だんだん実感が出てきちゃうとイヤだなって。

叶井　でも、オレ痩せたの分かるでしょ？　20キロ痩せたもん。

Kダブ　顔はそんな変わらないけど肩幅とか見ると……ね。

叶井　この前、胃を切って2週間ぐらい入院して、それで20キロ痩せたんだけどね。もともと83〜84キロくらいあったから、ガリガリってほどじゃないけど。でも自分的にはガリガリだよ。いま62〜63キロで今これ以上太らないから。食事は食べられるけど、徐々に死んでいくよ。しょうがないね。

Kダブ　……サングラスかけなきゃ。

叶井　全然泣いてないじゃん！

Kダブ　いや、抑えているんですよ。

叶井　でも、松濤中学出身の人たちはみんな優しいよね。コッタ（Kダブシャインの愛称）も、オレががんになってからマメに連絡してくるしさ。

Kダブ　もう3回ぐらいみんなで集まったよね。最初に今年の春、1回集まったじゃない？　オレと松濤中の友達と3人で「他に誰か会いたい人いないの？」とか聞いて。

叶井　オレががんで余命いくばくもないからって、コッタと元松濤中の友達と3人でごはん食べたとき、オレが中学・高校時代とかによく遊んでいた友達たちに会いたいと言ったら、今年の春に約30年ぶりにみんなで集まって。あれはすごかったな。この年齢になって松濤中のコアな遊び人たちもバラバラになっちゃったし、今の連絡先が分からない人も多かったけど探してくれて。松濤中の人たち同士も35年会ってなかったんだよね。コッタもそうでしょ？

Kダブ　別のタイミングで会っていた人も、中にはいたけど。何人かは35年間くらいまったく会ってなかったね。そういう大変な状態で叶井俊太郎サイドから「会いたい」と言ってくれて、また集まれることが、みんなもやっぱりうれしかったんじゃない？　そういえば、前回はキャンセルしてましたけど……みんな心配していましたよ。

叶井　みんなからLINEが来ました。コッタは学年的にはオレのひとつ下で、オレが高1の頃に出会ったと思うんだけど、振り返ると不思議なつながりだなと思うんだよね。そもそもオレは松濤中出身じゃなくて目黒3中だから地元の友達でもないし、一時期に出会った友達、その場限りの友達に近かったんだけど。

――改めて、お2人は10代からのお知り合いということなんですけど、どういう出会いだったんですか?

叶井　オレが中3の時に通っていた、渋谷警察署の並びにあった「富士学院」っていう学習塾で、松濤中とか青山中のやつらと仲良くなって。その塾に通っている松濤中の女友達が、渋谷の溜まり場によく連れて行ってくれたんですよ。塾終わりとかに「友達紹介するから来なよ」みたいな感じで。

Kダブ　宇田川町交番の側にアールビルというのがあって、オレの通っていた松濤中の卒業生とかのたまり場になっていたんですよ。公園通りの今のディズニーストアのところの1階にあった「ジャック&ベティ」ってカフェテリアで待ち合わせして、初めての友達とか紹介し合って、2階の「ラ・スカーラ(LA・SCALA)」というディスコに行くのが定番のパターンで。20人ぐらいの小さいコミュニティだったし、なんとなく常連とは顔見知りみたいな感じになるんですね。たぶん叶井俊太郎ともそんな感じで、初めて出会ったと思う。

叶井　84年くらいに初めて出会っているのかな。

Kダブ　「ラ・スカーラ」はオレが高校に上がる直前の中3の春休みに、オレからすればひとつ上の松濤中のOGに、生まれて初めて連れて行ってもらったディスコです。

叶井　だから、オレからすると松濤中や青山中のやつらは、めちゃめちゃ進んでいたわけです。あの塾に通っている目黒3中の生徒はオレだけだったから、「渋谷の塾に行ったらディスコに初めて連れて行かれた」って、学校の友達に自慢したもん。渋谷の奴らヤバいよって。

――塾に行っているのに全然勉強していないですね。

叶井　当時、ほぼ家に帰っていないんだよね。学校の後に渋谷の塾へ行って、終わってから松濤中のやつらとディスコに行き、また制服に着替えて学校行くみたいな生活していたから。今この年齢でこういう病気になったことで、あの頃一緒に遊んでいた奴らどうしてんだろうなって思うというか、すごく印象に残っているわけです。オレだけ学校も違ったし。

Kダブ　まあ、でもいろんな人がいたけどね。ちょっとずつそういう人たちと仲良くなっていくみたいな感じだったから。

叶井　そういう小さなコミュニティが渋谷の中に点在していたよね。

Kダブ　80年代前半は映画『サタデーナイトフィーバー』(77)の名残りみたいな時代だから、まだクラブじゃなくてディスコ全盛で、渋谷にも2~3軒、人気のサーファー系のディスコがあって。荻野目洋子みたいなディスコサウンドやユーロビートが流れているという。

叶井　そういう世代ですね。

――お2人がよく遊んでいたグループというのは、チーマーみたいな感じのイメージですか？

叶井　別にそういうノリじゃないんだよな。

Kダブ　アールビルの一部には、ちょっと武闘派というか、荒っぽいのもいたけど。オレらは基本そういう感じじゃなかったね。叶井俊太郎たちはナンパ師みたいな感じ。まあ、その後の渋谷には、埼玉県とかから集団で四駆で乗り付けてくるような輩も増えるんですけど。チーマーが出てくる以前の時代ですね。

「やっぱり〝キング・オブ・だめんず〟だね」

叶井　そうやって40年ぐらい前にコッタと知り合って、なんとなく顔見知りにはなっていたんですけど、そこから大人になるまでは、ほぼ交流なかったんだよね。

Kダブ　オレは高校をクビになって、このままプータローで渋谷プラプラしていたら絶対トラブルに巻き込まれる予感があったから、85年にアメリカへ逃げちゃったしね。特に渋谷が一番荒れていた頃だったし、物理的にも少し距離を置いたんですよ。案の定、26歳で帰国したら当時のグループにいた仲間の半分ぐらいはシャブ中になっていたし。

叶井　オレの仲良かった友達も20歳ぐらいでシャブ中になっちゃったやつが多かったね。オレも20歳から23歳まで、3年ぐらい1回も日本帰らずにハワイのオアフ島に語学留学していたけど、コッタはアメリカに何年ぐらいいたんだっけ？

Kダブ　9年ぐらいですかね。でも、オレがハワイに行ったタイミングで叶井俊太郎に会っていると思うんだよね。ちょっとよく覚えていないけど。その頃、ハワイにいた共通の友達が何人かいましたけど、みんなちょっと記憶が……。

叶井　松濤中の遊び人や共通の友達もハワイに長期滞在していたから、何回か会っているはずなんだけどね。当時の記憶はみんな曖昧。

Kダブ　だから、その頃の状況とかはお互いにそんな知らないですね。ハワイで映画ばっかり見ていたんでしょ？　アメリカの映画館って安かったもんね。

叶井　当時は3ドルとか4ドルとかだったから、映画は毎日見ていたね。ちなみにオレがハワイにいた頃に、コッタの友達で、その後コッタと一緒に映画『凶気の桜』(02)をやった薗田賢次監督とも出会って、ハワイでよく一緒に遊んでいたんですよ。オレはあの映画自体には関わっていないけど。

Kダブ　オレがアメリカから戻ってきた頃には、叶井俊太郎は映画業界でもうバリバリやっていて。

叶井　オレは23歳ぐらいにハワイから帰ってきて、91年にアルバトロスに入ったから。このままハワイにいたらオレちょっとヤバいなって。

Kダブ　堕落しちゃうって？

叶井　オアフ島の「ＲＡＤＩＯ　ＫＯＨＯ」という日本語のラジオ局でＤＪのアルバイトを1年ぐらいしていて。そこで「ＤＪウメ」って名前で『ココナッツ数珠つなぎ』という月〜金の帯番組やっていたんだけど。

Kダブ 『ココナッツ数珠つなぎ』？ へぇー、何その番組。

叶井 ワイキキやアラモアナのビーチにテレコを持って行って、日本人の女のコの観光客グループに「どこから来たの？」みたいなインタビューする企画を、何人かの日本留学生と考えたんです。ナンパ目的で。当時そこのラジオ局でオレの上司だった人が、ロックバンド「ゴダイゴ」のスティーブ・フォックスなんだけど、みんなで企画考えて「こんなのどうですか？」と言ったら「よし、やろう」と。15分ぐらいの番組だったけど、当時なんてハワイに住みながらラジオの仕事をしているだけでモテモテだったから。

Kダブ いいなあ。そのままハワイのお土産屋にならなかったの？ よく日本に帰って来られたね。

叶井 個人旅行が少し流行ってきた時代で、まだネットや携帯もないから、そこで仲良くなった女のコたちがよく、往復チケットだけ買ってオレの部屋に泊まりに来て。大変だったよ。当時の予定表とかぎっしりで、何回ダブルブッキングしたことか。めちゃくちゃだったね。

Kダブ やっぱり〝だめんずの中のだめんず〟だね。〝キング・オブ・だめんず〟だ。だから、オレはその頃のこと全然知らないです。オレは日本人が全然いない環境で、もうちょっと真面目に毎日「日本人にとってのヒップホップとは？」みたいなことを考えて生きていたから。

叶井 オレが『ココナッツ数珠つなぎ』で女のコと遊ぶことしか考えていなかったときに、ヒップホップを探求していたんだ。コッタはアメリカのどこにいたんだっけ？

Kダブ　90〜92年とかはフィラデルフィアですね。

叶井　あはは、日本人に人気ないところだね。

Kダブ　いやでも、ブラックミュージックのカルチャーとか、アメリカの歴史的な部分ではすごく意味のある場所で……。一人で真剣に「マルコムXとは〜っ？」とか考えてたよ。ニューヨークまで車で1時間15分ぐらいだったんで、大学に通いながらニューヨークに行っては全身でヒップホップを体験するみたいな感じでした。

コッタと知らず〝Kダブシャイン〟にお仕事依頼

Kダブ　音楽がある程度かたちになりそうだってことで、オレは26歳の頃に日本へ帰国したんですけど、日本ではさっき話したように覚せい剤が蔓延していて。中高で近しかった人たちの間で誰がパクられたとか、ガリガリでヤバいことなっているとか、あまり近くにシャブ中いたら仕事に影響あるから、ちょっと距離を置いて見ていました。騙し合いみたいな人間関係の中で、みんな疑心暗鬼になっているし、「なんだこれ」と思って。

叶井　本当にあれは何だったんだろうね。中高時代の仲間がけっこうシャブ中になっていて……。

Kダブ　やらない人は最初から近づかないから、やっぱりそこは人によるけど。やっぱり自分の意思と関係ない中毒性みたいなものがあるんでしょうね。傍から見ていると、一度手を出し始めたら歯止めが効かなくなっちゃうんだろうなって。オレたちが20歳ぐらいの頃から覚せい剤が入ってきて、1人～2人はそれで死んじゃった人もいる。

──お互いの人間関係も変わっていた中で、お仕事を通じて再会したんですか？

叶井　オレが『死の王』(96)って映画の宣伝を担当していたときに、アート系の映画だったから若手アーティストのコメントがほしいと思って、ある友達に話したんですよ。そしたら、彼が「キングギドラってヒップホップグループ仲良いよ。Kダブシャインって分かる？」って聞かれたんですけど、オレは「分からん」と。だから最初はKダブシャインがコッタと知らずにコメントを頼んだんだよね。

Kダブ　うーん、覚えてない。でも、当時その友達から「叶井俊太郎って人から連絡いくよ」って聞いてたら、オレも「その名前聞いたことあるよ」とか言っていたんじゃない？

叶井　いや、全然覚えてなかったよ。電話で話していたら、オレが「あれ？　もしかして松濤中のあの人？」みたいな感じになって。そこでオレが初めてKダブシャインがコッタだと知るという。

Kダブ　〝ジャクベ〟で初めて紹介されたときから、叶井俊太郎の名前と顔のインパクトはあったけどなぁ。でも、電話で「あ、あのときの？」って感じになったのは、なんとなく今話していて思い出しましたけど。いつも日焼けしたサーファーっぽい遊び人が松濤中の友達でいて。オレたちがよく行くお店やディスコで、彼としょっちゅう遊んでいたのは見かけていましたから。「あ、また一緒にいる」みたいなのは、ずっとあったんで。

Kダブが字幕監修を担当したトライブのドキュメンタリー映画がヒット

Kダブ　叶井俊太郎ってずっと目立ってるじゃないですか。面白い人と結婚したりするし、お互い違う業界にいるのに、所々で名前を見聞きしていて。でも、一緒にガッツリ仕事したのは、トライブのドキュメンタリー『ビーツ、ライムズ・アンド・ライフ』(12)で字幕監修やらせてもらったのが最初かな？

叶井　なんかその前にも別の映画でジブラとトークショーとかやらなかった？　渋谷PARCO前の公園通り広場でダンスコンテスト大会とかやったのもトライブの前だし、なんかいろいろやってもらってたよ。

Kダブ　そうだね。わりとそのへんは近い間隔で、続けざまに頼まれた気がする。

叶井　オレも手掛けたタイトル数がハンパないから、担当したのに思い出せない作品とかめちゃめちゃ多いんだけど。なんかヒップホップの映画を買い付けて、いろいろイベントとかやっていたよね。

Kダブ　トライブのドキュメンタリーは覚えているよ。

叶井　あれはけっこうヒットして、レイトショーでしたけど1000万円ぐらい興収いったもん。コッタにはスラングとかの日本語字幕の監修をしてもらったんだよね。

Kダブ　映画の字幕翻訳家がひと通り訳した字幕を確認しながら、独特の言い回しとかニュアンスのチェックや校正をやらせてもらったんです。あの仕事は印象に残ってますね。普段、ブラックムービーみたいな映画とか自分で見ていても、スラングの訳し方がなんか間違っているのとか、言い回しが変なのとかよく見かけて気になっていたから。

叶井　まあ、記憶が曖昧なところも多いけど、本当にズルズルと付き合ってきたよね。2人でいつも一緒にいて、何をして遊んだというわけじゃないけど。プライベートでもちょっとごはん食べたり、共通の友達を通して仕事したり。どちらかというと仕事のつながりのほうがあったかな?

Kダブ　仕事も含めて定期的に接触がある感じで。サイゾーさんがやってるウェブメディアの「TOCANA」に籍を置いていると聞いてからは、取材や用事で編集部とかに来たときとかにエントランスのソファーでよくしゃべっていました。オレもわりとサイゾーさんとは「第3会議室」(04〜)の連載時からの古い付き合いがあるから。

叶井　角由紀子(TOCANA初代編集長)さんのセンサーにも引っかかって。

Kダブ　はは、流行りの陰謀論者としてね。

――余命半年と宣告され、1年がたち今日に至っているんですが、最初に叶井さんの病気について伝えられたときは、どう受け止められましたか。

Kダブ　うーん。どう受け止めていいか分からなかったですよね。「本当に〜?」みたいな。初めて聞いた日はまだがんの症状も今ほど進行してなかったし、「やりようによっちゃ、どうにかなるんじゃないの?」って感じも、しばらくありましたよ。

叶井　コッタは、あれ飲めこれ飲めっていろんな切り抜き動画とか送ってくるじゃん?　それで、くらたまがKダブのファンだから「Kダブさんからガンに効く飲み物の情報とか送られてきたら私にも転送しろ」ってオレに言うんですよ。仕方なく報告すると、その飲み物とか錠剤とか買ってくるんです。オレもイヤイヤ飲んでみるんだけど、超マズいわけ。

Kダブ　〝良薬は口に苦し〟って言うじゃない。いい連携プレーじゃないの。

叶井　いや、無理だよ!　あのマズさ。2回ぐらい挑戦したけど無理だったね。マズすぎて。

Kダブ　そういうのが効くかもしれないじゃん?　もう全然オレの言うこと聞いてくれないんすよ。

叶井　いや、オレ無理はしないから。やっぱりがんになってから、周りの人は「仕事を休んで旅行とか好きなことやんなよ」とか言ってくれるんだけど。

Kダブ　スイスとか行きなよ。

叶井　それ安楽死じゃねーか!

Kダブ　いや、『世界の車窓から』みたいな感じで、こうゆっくり……。

叶井　オレは旅行より仕事が楽しいんです。仕事を前倒しするほど仕事していたいんですよ。まあ、それもまた自己満足だけど。内容はこんなにつまんない映画なのに、面白そうなタイトルになったとか、いいポスターできたとか、そういうのが楽しいの。そんな毎回うまくいかないけど、たまたまうまくハマって謎にバズるときとかも、やっぱりあるからさ。

Kダブ　よくグロテスクなのやっているよね。

叶井　「予告編だけ超面白そう」とか言われたら、オレの仕事としては完璧ね。

Kダブ　オレもその立場になってみないと分からないけど、もうちょっと動けなくなったら旅行とかもあるんじゃない？　海外は無理でも。

叶井　でも旅行している最中に、急に痛みがでたりしたらイヤじゃない？　そう考えたら仕事していたほうがいいよ。仕事して、あなたから「これ飲めば？」って、たまに送られてくるのが面白いよ。逆にコッタだったらどうする？　余命半年って言われたら。

Kダブ　え……身の回りの後始末とか？　いろいろ持ち物とか多いから、たぶんレコードとか機材とか売ったり、死後どうするかは考えるかな。奥さんや子どもはいないし、死んだ後に好き勝手されたくないみたいなのがあるから。半年あるなら誰かに任せず自分である程度、処分はしておきたいなと。今はまだ、それぐらいしか考えられないかな。でも、それやっておいて人にあまり知られないようにひっそり逝くみたいいな。

――アーティストとして弱っている姿をあまり見せたくない的な気持ちがあるんですか？

Kダブ　うーん、今その立場になっていないから、そう思うのかもしれないけど。「え、Kダブ死んだの？　いつの間に？」「そうだったんだ……」みたいな感じがいいかな。同業者にオレ、そんなに好かれてないというか……けっこう嫌われていると思っているから。

叶井　そんなことないでしょ。

Kダブ　いや、少なくとも付き合いづらいとは思われているんじゃないですか。

叶井　あなた数年前に一瞬、いろいろテレビのバラエティ番組に出て、その方向でも活躍するのかなと思っていたけど、変な思想を持っているから降ろされちゃったよね。いつかヤバいこと言うんじゃないかって。

Kダブ　でもそれは何が原因ってわけじゃないと思うよ。たぶん、いろんなタイミングとか……。あと、その話と同じ業界人たちに嫌われているというのは、また別だと思う。

叶井　音楽業界では別に嫌われていないでしょ？

Kダブ　やっぱりオレうるさ型だから。「楽しければいいじゃ〜ん」「オレらが楽しければそれがヒップホップだ〜」みたいな感じの人たちからすると、ほんと姑みたいな感じ。姑が嫁に「そんなのヒップホップじゃねえ」「ヒップホップはこうであるべき」みたいな。

叶井　言っていいでしょ、それは。レジェンドとしてリスペクトされているんじゃないの？

Kダブ　ヒップホップにおける老害的な感じで、もう若者は「上のやつらなんていいじゃん。ほっとこうぜ」「んだよ。レジェンドだからってエラソーにしてんじゃねーよ」みたいなところも、あるんじゃないですか。プラス、ここ数年は陰謀論者と思われるから。いろいろやかましいくせに「どうせ陰謀論者じゃないかよ」みたいな。まあ、想像ですけど。

叶井　自虐ネタね。

Kダブ　でも、どうせ大して好かれてないんじゃないのっていうのはあるからね。

叶井　オレはバラエティでもう1回、ちゃんと頑張ってほしいけどな。

「未練はない。やり尽くしちゃっているんで」

——Kダブさんは、人間の生死について強く意識させられるような経験はありますか？

Kダブ　オレは未熟児で生まれて、子どもながらに親や医者が「大人になる前に幼稚園ぐらいで死んじゃうかも」みたいなことを話している様子を、うっすら見て気づいていたんですよね。よく熱とか出して、いつも親が氷枕とかあたふた用意していた記憶が強くあって。

叶井　病弱だったんだね。

Kダブ　本当に入院ばかりしていたし、薬もたくさん飲まされたし、点滴とかレントゲンとか……

とにかく幼少期はいつも病院にいて。不自由に感じる病院生活が長かったから、「人間いつ死ぬか分かんない」「人生無駄にしないで目いっぱい思う存分生きたい」みたいな意識はけっこう早くからあったんです。でも小3ぐらいになって、だんだんクラスの中でもわんぱくになってくると、「もっと強くなって健康優良児を目指そう」みたいな志向になっていったんですよ。「あんなに身体の弱かったコウタくんが、こんな元気になったのねぇ」みたいな周りの反応とかが、やっぱりうれしいじゃないですか。

叶井　コッタは昔から、酒もタバコもやらないね。

Kダブ　お酒は体質的に合わなかったのもあるけど、中学ぐらいで不良がみんなタバコ吸い始めてもオレは吸わないし、本当に身体に害がありそうなドラッグには手出さなかった。それは自分の身体をいまいち信用していないから。ちょっとしたことでまた悪くなっちゃいそうな感覚が、幼少の頃からずっとあるんですよね。

叶井　あと、いつまで生きられるのか分かんないって話で言うと、オレらが子どものときは同級生のお父さんが50代くらいで急死したとかもあったよね。今もそう変わらないかもしれないけど。

Kダブ　この数年、オレと同い年のやつでも何人か突然亡くなっているんですよ。そこまで兆候なかったのに。50代も半ばになると、そういう話もちょいちょい出てきますよね。近しいところだとラッパーじゃないけど、Ｈｉ－ＳＴＡＮＤＡＲＤのドラムのつねちゃん（恒岡章）とかも、オレの2つ下ぐらいだったと思うんだけど。

叶井　90年代にデビューしたヒップホップ業界の人たちはどうなの？　長生きできそう？

Kダブ　その世代でもすでに4〜5人は亡くなっていますね。我々みたいな仕事は40代ぐらいで、それまでの無茶がたたって、1回身体を悪くしたり、死んじゃったりするようなやつも多い気がする。今生きているやつらは、わりとその頃に病気なんかして乗り越えていたりもするから、タバコやめたり走ったり健康に気を使っていますね。

叶井　ラッパーだったら、ECDががんでなくなってるけど、けっこう年上だったかな？

Kダブ　18年に57歳で亡くなっていますね。ECDはオレのことあんま好きじゃなかったとか聞いたことはありますけどね。もともと「山海塾」の出身で、近年では「レイシストをしばき隊」に参加していたくらいの左翼だったから、思想的なところではオレと話が合わないというか。

叶井　面識はあったでしょ？

Kダブ　もちろん一緒に曲とかもやっているし、お見舞いにも行かせていただきました。あ、叶井さんも、これからあんまり動けなくなったとしても、ちゃんと会えるようにしといてくださいよ。

叶井　でも、自分で連絡できるか分かんないよ。本当にモルヒネとか打っちゃうと。

Kダブ　ECDが入院しているときは誰と連絡を取って行ったんだろう？　奥さん（写真家・植本一子）か。オレと一緒に行った人が奥さんに連絡取ってみたいな感じだ。

叶井　なかなか本人からは連絡できないでしょう。

Kダブ　調子悪くなったら、くらたまさんに連絡入れますからね。

叶井　それは全然いいよ。理想を言えば、コッタも事故とかで突然死より余命宣告のほうがいいでしょ？　いきなり後ろから人に刺されてとかは絶対イヤじゃん。

Kダブ　突然の事故とかで本当に誰にも何も言えず、「え〜、オレ倒れてんじゃん。このまま死ぬのか〜」って魂抜けていくよりは、ちょっと向き合えるほうがいいですね。でも、3年ぐらいないと「まだ心の準備が……」っていうのもあるじゃない。余命半年だと「え！　もうそんな進行してんの？」っていう。ちょっと短いというのは、やっぱりありますね。

叶井　でも3年って長いよ？　オレも、なんか理由つけて長生きしなきゃなとも思ったけど、よく考えたら別に、人生に未練とか全然ないから。『ココナッツ数珠つなぎ』時代にやり尽くしちゃっているんで、オレ的にはなるべく痛みなく死ぬことだけが祈りです。悲しいとかまったくないし、この本を伝説として残してやりたいくらい。

Kダブ　まあ、うん。これは間違いなく伝説だよ。

写真／二瓶 綾

Kダブシャイン（K DUB SHINE）

東京都渋谷区出身のラッパー。日本語の歌詞と韻にこだわったラップスタイルが特徴。現在の日本語ラップにおける韻の踏み方を確立したと言われる。その作品は日本、及び日本人としての誇りを訴えかける歌が多く、「児童虐待」「シングルマザー」「麻薬中毒」「国家観」など、さまざまな社会的トピックを扱うMCとして知られている。1995年にキングギドラのリーダーとしてアルバム『空からの力』でデビュー。97年にアルバム『現在時刻』でソロデビューし、近年はさまざまなアーティストのプロデュースも手掛けている。

エンドロール！ **4**

［構成］伊藤 綾

●アーティスト

ロッキン・ジェリービーン

自身が余命半年と告げられたら――

「普通に落ち込む。シクシク泣くと思うね。」

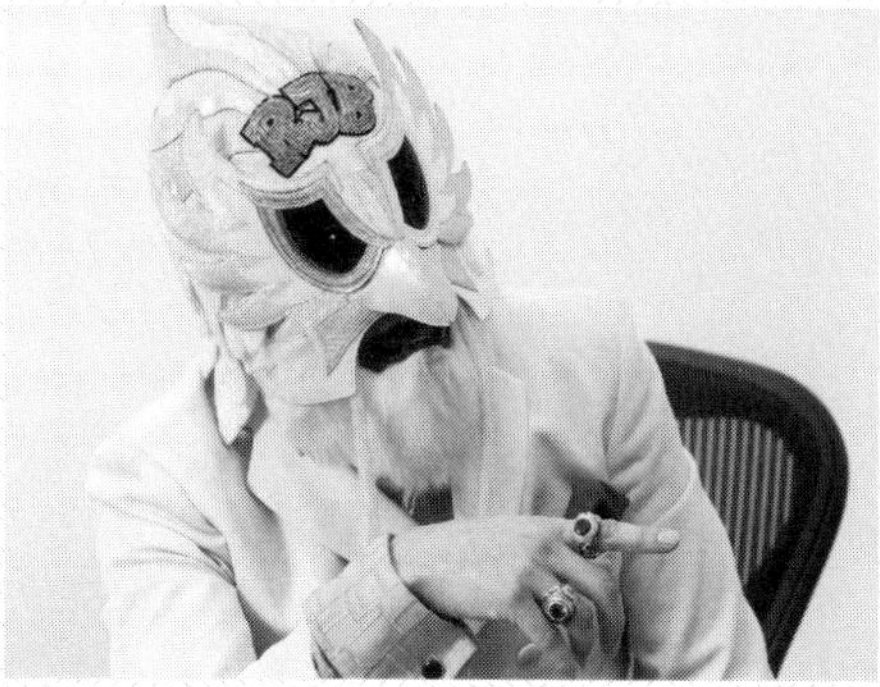

ジェリービーンとは、たまたまこの本の企画のときに『キラーコンドーム』の完全版をやるってことで連絡を取り合ってたんだよ、25年ぶりにね。彼とも25年前、かなり濃密な数年を過ごしたよね。ちょうど自分が映画の仕事を始めて、面白いなと思ってきたときに会ってるから。今回の『キラコン』のイラスト仕事を振った後にがんが発覚して、すぐ会わなきゃって連絡したんだけど、スケジュールを調整してやってくれたよ。

叶井　ロッキン・ジェリービーンとの出会いは25年前の『キラーコンドーム』(99)という作品なんだけど。考えてみたら今月(2023年8月)中にも一緒に『キラーコンドーム　ディレクターズカット完全版』(23)のトークショーがあるんだよね。この対談を入れると今月3回も2人でトークをこなすことになるという。

RJB　確かに。そもそも出会いって『キラコン』の宣伝用イラストの依頼されたところからだったと思うけど、最初はなんでオレのこと知ったの?

叶井　確か白夜書房の仕事していたでしょ?　フィギュア雑誌の表紙か何か。

RJB　『アメイジングキャラクターズ』だ。ムック本ね。

叶井　それでジェリービーンの名前を知って、系列出版社のコアマガジンの知り合いルートで、その表紙を担当している編集者につないでもらったんだよ。だけど、その担当編集者から「連絡先教えたくない」とか言われてさ。

RJB　えー、本当に？　そんなことあったっけ？

叶井　なんか困っていて。「カッコつけやがって」とか思ってね。

RJB　ハハ、オレの印象が悪くなるじゃん？　自分からは特にそういうお願いしてた覚えないんだけどな。

叶井　それで中原（昌也）くんに恵比寿のクラブでその話したら、彼も友達だったんだよね。しかも、「ジェリービーンなら、あそこにいるよ」と。あなたが偶然そのクラブにいたのよ。覚えてる？

RJB　うわーそうだったっけ！　何となく今思い出してきた！　恵比寿のみるくだ！『キラコン』の公開前だから、26年ぐらい前。

叶井　そこで紹介されて「こんな映画があるからイラストやってくれない？」みたいな。オレも映画まだ見てなかったんだけど。

RJB　え？　買い付けの時にカンヌで見たんじゃないの？

叶井　全部は見てないよ。

RJB　ハッハッハ、なるほどね、意外とそうなんだ。でも、自分ももらった唯一の資料のVHSのテープがまだ字幕とか付いてないやつで、「これ細かい話が分からないんだけど」って聞いたら、「いやストーリーなんかいいのいいの。とりあえず女の子バーンと描いちゃって」とか言われたの覚えてるよ。すんごい大ざっぱな人だなと。けど、自分のところにビデオをキャプチャする機材もなかったから、そんときアルバトロスの事務所で遅くまで映像を何枚もキャプチャさせてもらって描いた気がする。

叶井　でも、こんなシーンなかったよね？

RJB　ないよ。だってそれでも「全然大丈夫」って言ったじゃん。服装もポーズも違うけど、最初のほうに女の子が「キャー」ってシーンがあったから。そのイメージ。

叶井　今、25年たって『キラコン』の完全版やるにあたって、オレもいろいろ記憶を辿ったけど、これって何種類かラフ出した？

RJB　どうだったかな。たぶん当時なら3種類は出してるはず。

叶井　やっぱり映画のポスターとして画期的だなと思ってさ。というのは、これ日本語が一切ないじゃん。

RJB　あ、確かに。

叶井　これだと普通は配給会社は通さないし、映画館からも「何の映画か分からん」とか文句言われそうなもんだけど。誰も何も言わなかったんだな。

RJB　そこ通すのが、やっぱりアルバトロスなんじゃないの。

叶井　なんか通っちゃったね。不思議な時代というか。

RJB　よく考えたらフライヤーも、ちょっと縦長の変型で大変だったろうなと。

叶井　特殊な印刷だと、通常よりもお金かかるのにすごいよね。よくOK出たなと思う。

RJB　今回のイラストも「前回を超えるもの描け」「オレもうがんで、余命いくばくもないから」

と言われて、オレは慌ててスケジュールを最優先にしたよ。

叶井　「がんでいつ死ぬか分かんないから、早くやってくれ!」って。

RJB　いろんなところでそれ言っているでしょ。もう飯屋とかでもいいそうな勢いだよね。

──『キラコン』リバイバル上映に向けたキービジュアルのオファーは、いつ来たんですか?

RJB　今年の正月に「正月休み明けたら、とにかく打ち合わせできる時間ない?」と。その前にSNSで「入院した」「検査した」「退院した」っていうのは見ていたから心配はしていたけど、まさかと思って。けど、がんが見つかったときは、なんで病院に行ったの?

叶井　黄疸が出たんだよ。顔が黄色くなって「病院行ったほうがいい」と周りから言われて、胆管が詰まっていたから通るようにしたんだけど。「変な影があるから1週間後にもう1回検査したい」と。そしたら「奥さんと一緒に結果を聞きに来てくれ」となって、「ステージ3の膵臓がんです」と。「へえ、それで余命的には?」「最短で半年です」みたいな。もうはっきり言うから。

RJB　そんな感じなんだ。

叶井　奥さんは泣いてたけど、オレは「そっかぁ」つって。来年の映画の仕事を前倒しで早く片付けなきゃなと。

RJB　仕事のスケジュール考えていたんだ。

叶井　妻がセカンドオピニオンを聞きたいと言うから、紹介状を書いてもらって有明のがん研とかでも聞いたけど、一緒だよね。抗がん剤でがんを小さくしてから手術で取るというのが標準治療で、4カ月くらい入院して手術の成功率は20%。「80%の方はすぐに転移か再発します」と。

RJB 20%……。

叶井 しかも、抗がん剤やると100%毛が抜けるって医者が言うのよ。「眉毛も全部100%抜けてなくなります」と。

RJB それはそうでしょう。

叶井 ヅラか死か。やっぱり考えたよ。

RJB そこ?

叶井 オレは死をとったね。やっぱり毛が抜けてヅラになるのは嫌だわ。オレ的に無理だわ。

RJB 今、全世界のヅラの方々にケンカ売ったよ。そこは譲れないんだ。

がんよりもママ友・パパ友と仲良くできるか問題

RJB そう言えば、オレたちキラコン終わってからしばらく会ってなくて、それからしばらくしてSNSとかが流行りだして、叶井俊太郎を見つけたら、いきなり子育てしててさ。自分にも子どもができた頃に久々に会う機会があって話したら、「いやージェリービーン、ママ友はマジで大切だから、近所付き合いは大事にしなきゃダメだよ」って開口一番聞いたとき、あの仕事しか頭にない叶井俊太郎が「ママトモー!」って、ひっくり返ったよ。

叶井 言ってたね。ママ友って、普段接する機会ないじゃん。子育てで何か困ったときにちょっと子どものお世話してくれるとか、そういう相談ができる近所の人って大切なのよ。あと、オレが知らない学校の情報とかももらえるから。オレは中学校の「親父の会」みたいなLINEグループにも入っているし。

RJB その順応性が信じられない、オレなんかやっぱりなかなか入っていけないよ。

叶井 入っていけない?

RJB 全然ダメ。

叶井 オレ、超入っていくよ。「グループLINEやりましょうよ!」って、オレから言うもん。

ただ娘が小学校の頃、同級生に90年代から活躍している某有名バンドのメンバーのお子さんがいて、その人とつながりたかったんだけど、彼だけは無理だった。なんか冷たくて。

RJB でも、有名人だと普通はそうなるんじゃない。

叶井 「○○さんですか?」って声かけたら無視されて。「紅白出てよ」とか言おうと思ったのに、まったく会話できない。

RJB 警戒されたんじゃない? 向こうも叶井くんのこと調べて、「こいつとは付き合っちゃダメだ」と。

叶井　え、調べられたオレ？

ＲＪＢ　これは危ない人だと。

叶井　近所にその人の豪邸があって、小さい堀みたいなのがあるからさ。ちょっと遊びに行こうと思って、娘をザリガニ釣りに誘ったことあるね。娘は「絶対行かない」と言って諦めたけど。

ＲＪＢ　そのつながりたいってのは○○のメンバーだから？

叶井　もちろん、そうです。

必要じゃないから面白いパパママ談義

ＲＪＢ　でもさ、言ってしまえばパパやママのコミュニティで知った情報も、別に今の自分に必要なわけではないよね？

叶井　必要じゃないから面白いんだよ。けっこうママ同士、パパ同士でみんな頻繁に居酒屋とかで飲み会やっているんだよね。まあ、オレは行ったことないけど。

ＲＪＢ　あ、それは行かないんだ。もともとお酒飲めないもんね。

叶井　飲み会の雰囲気は好きだけど、さすがに知らないおじさんたちとは……いや、ちょっと興味あるけどね。ジェリービーンは授業参観とか行事で子どもの学校へ行って、同じクラスのパパやママと話さないの? 息子くんが仲良い友達の親とかいるでしょ?

RJB もちろん子ども同士が仲良いと、○○くんのパパ・ママって感じで普通に仲良く話すけど、2~3人だよ。

叶井 オレも10人ぐらいよ。そういう親父の会で夏休みの肝試し大会みたいなイベントを運営したりして。

RJB いや、多いわ。そういう場に参加するのも別に苦じゃないんだね。

叶井 苦じゃないね。面白いよ。普段あまり話さないようなことを話せる関係がいいんだよ。やっぱりみんなエンタメ興味ない人がほとんどなんだなと思うし。

RJB お宅みたいな都心の家族でもそうなんだ?

叶井 基本的にはネットフリックスも見ないし、雑誌や本やマンガも読まない。こういう人たちが一般的なんだなってよく分かりますね。映画館なんて行かないよ。

RJB ピクサー作品とかは見るんじゃない?

叶井 子どもと一緒に『ドラえもん』とかディズニー作品とかは見るんだよね。

RJB 『いかレスラー』は見なくてもな。

叶井 それは絶対見ない。『食人族』や『キラーカブトガニ』も見ない。

RJB ちょっと思ったんだけど、叶井くんは余命宣告を受けて残りの命を仕事にかけようと考えたわけだよね？

叶井　まあ、そうね。

ＲＪＢ　でも叶井くんが手掛ける映画って、いわゆるＢ級がほとんどじゃん？

叶井　Ｚ級だよ。

ＲＪＢ　その映画で誰かが感動するとか、そこへの興味はないの？

叶井　ないよ。自分が普段好きで見るのは全然違うし、いやＺ級映画も見ているけど。

ＲＪＢ　あ、感動する映画とかも見るんだ？

叶井　感動系は見ない。もう泣かせる映画とかは、だいたい展開が分かるじゃん。

ＲＪＢ　泣かせようというか、いい話なわけでしょう。

叶井　いい話って面白い？　興味ないね。いい加減にしろと思う。

ＲＪＢ　逆にＺ級映画の魅力はどこにあるの？

叶井　つまらない映画をいかに面白く見せるかを考えるのが楽しいんだよ。「あ、この映画つまらん」と。でも邦題のタイトルとか工夫して、ポスター、チラシ作って、予告編も超面白そうなやつにしたら、「こんなつまらんものが、こんな面白そうな映画になった」という。

ＲＪＢ　あー、それならつまらなければつまらないほどいいね。

「裸のオンナ描いちゃって」仕事人・叶井俊太郎の真骨頂

RJB 今回の『キラコン』の話に戻るけど、今年の頭にがんのこと一緒に聞いたマネジャーのWILD OXとその日の夜メールでやり取りしてて、彼の言葉で「叶井さんのような昔ながらの〝昭和〟な映画人ってもう居なくなりますね」って聞いて。やっぱり叶井俊太郎がこの世からいなくなっちゃうことは本当に残念だし、悲しいし寂しいことだなと。今、映画人でもあなたみたいに「裸のオンナ描いちゃって」とか言う人いないですよ。ザ・大ざっぱ。

叶井 発注の仕方がね。綿密な打ち合わせとかしないから。でも、そんな注文でよく描けたね、これ。

RJB だからいいわけ。こうしろああしろってあまりこと細かく言うんじゃなくて、「前回の超えるやつ」とか言われると、周りの人たちが一生懸命考えて努力して動くから。

叶井 まあみんな、あまりそういう発注はしないだろうなあ。他の映画ポスターとかだと、けっこう真面目に打ち合わせしてんの?

RJB とりあえずちゃんと参考資料はもらえるから、自分で調べる手間はないね。

叶井 発注者が資料を渡してくれるんだ。

RJB　だけど、本当はそんなことしなくてもいいんだよ。みんな心配性でそういうやり方になっていくわけだけど。我々みたいな人間は、叶井くんみたいなほうがいいものができるというか、そんな全部は必要ない。それに叶井くんみたいにしないと、たくさん仕事できないじゃない。本当に自分がしなければダメなことだけやればいいんだよ。

叶井　今回の『キラコン』のイラストもすごくいいよ。前作を超えてる。ポーズとかも含めて、こう来たかと思ったね。一発ＯＫですよ。

RJB　あ、そう⁉　うれしいな。『キラコン』は99年日本公開の映画だけど、叶井くんはその前から映画の仕事はしていたわけだよね？

叶井　オレがアルバトロスに入ったのは91年だから。『八仙飯店之人肉饅頭』(93)とか『ネクロマンティック』(95)とかやっていたね。

RJB　あー、あれも君の仕業か。『アメリ』はなんで買ったの？

叶井　だから『アメリ』は失敗したんだって。買うときはまだ映画完成してなくて、『エイリアン4』(97)監督の最新作、〝女ストーカーもの〟という資料だけで買っているから。確かにあれ、ずっと男を追いかけて尾行している女ストーカーの話なんでしょ？　オレまだ字幕入り見てないんだけど。

RJB　まだ見てないの⁉　『キラコン』以上の大ヒットだったけど、叶井俊太郎的には『アメリ』は失敗なんだ……。

叶井　『アメリ』は興収16億円だけど、オレとしてはちょっとイメージと違ったなと。当時、『アメリ』を買い付けた男として女性誌からいっぱい取材がきて受けたんだけど、なんか申し訳なかったよね。オレのプロフィールに代表作として『人肉饅頭』とか『キラコン』とか載せてもらおうと思ったんだけど、「別のタイトルないですか？」とか言われて。「ありませんよ！」みたいな。あれは面白かったな。

RJB　一番コケた映画は？

叶井　いっぱいあるよ。

RJB　自分の会社が倒産したのは、制作した映画が失敗したのが原因？

叶井　コケまくって印刷会社とかデザイナーとか予告編作る映像制作会社とかにお金を支払えなくなって破産したんだよ。「大ヒットするから！」って関係者30人ぐらい初日に呼ぶんだけど、「叶井くん、客入ってないじゃん……」と。オレも「見りゃ分かんだろ」って最後は逆ギレだよね。いや本当に申し訳ない。

RJB　でも、最近またいろんな映画つくっているでしょ？

叶井　今やっているのは、ホラー版の桃太郎＆花咲か爺さんかな。ホラー版日本昔ばなしはやらなきゃなと。

RJB　その謎の使命感が湧いたのは余命を聞いてから？

叶井　うん。そういう映画のエンドロールに「叶井俊太郎に捧ぐ――」って出てきたら、なんかかいいじゃない。

RJB　日本の昔話ということで、ちょっと海外も意識しつつ。

叶井　それもあるね。現代版アレンジだけど、良い爺さんと悪い爺さんはとりあえず出てくるよ。犬も出る。でも「さるかに合戦」とかもそうだけど、今のご時世、「花咲か爺さん」ってコンプラ的にアウトらしいね。原作だと意地悪な爺さんが犬のポチを殴って殺すから。

RJB　あれってそんな話だっけ？　それはいかんね。

叶井　ポチが撲殺されて、良い爺さんがその亡骸を灰にして「枯れ木に花を咲かせましょう」って話だから。まあ、その映画の中でも犬は死ぬんだけど、撲殺シーンはありません。

「なんか年内はいける気がしてきた」

RJB　病院には行ってるんだよね。抗がん剤による標準治療をしていないとなると、やっぱり今は違うところにいろいろ転移しているんでしょう？

叶井　肝臓に転移してるっぽい。でもさ、抗がん剤やるより、今この状態で死ぬほうがいいと本当に思ったんだもん。そうじゃない？

RJB　まあ分かるんだけど、オレとかは普通にメンタル弱いから……。

叶井　メンタル弱いの？　だから覆面してんの？

RJB　やっぱり「あと半年」って言われたら普通に落ち込む。毎晩1人でシクシク泣くと思うね。めっちゃ酒とか飲むと思う。

叶井　え、マジで？

RJB　叶井くんのメンタルがすごいんだって。もちろん、50歳過ぎて自分はもう老いていくだけっていうのも感じるし、だいたいの想像はできるじゃん？　同年代の友達が亡くなったりして、自分の最期も考える機会は何回かあったから、ある程度しゃんとした状態で終われたらとも思うけど。夜中とかになんか寂しくなってくるんだよね。まあ、人間の弱いところだけど。

叶井　それは子どもに対する気持ち？

RJB　それもあるし、わりと自分は最後まで好きなものを残しておくタイプだから、自分の中で先延ばしにしているものが山ほどあるんだよ。

叶井　やり残したことがまだたくさんある、と。

RJB　今はちょっと置いといて、また今度の機会に……みたいな仕事もいっぱいあるから。やっぱり叶井くんみたいに割り切って考えられないと思う。

叶井　でも人間、誰しも絶対死ぬんだよ？　割り切れないもんかね？

RJB　割り切れる気持ちと、割り切れない気持ち、両方ある。

叶井　「先生なんとか助けてください。治してください」とか言っても、今まで同じようなケースを何万件も見てきた人が「完治は難しい」って実際に言うんだから。「じゃあ仕方ないか。諦めよ」ってなるでしょ？

RJB　まあ、確かに最後は寿命と思って割り切るしかないけど……。

叶井　とりあえずジェリービーンは、余命半年の宣告を受けたら落ち込むだろうと。仕事はしない？

RJB　まあ、まず今までの作品をまとめて画集を出す準備をするかな。今まで描いた絵って、ほぼ描きっぱなしで積み残している作品も多いから、画集をやっぱり出したくて。おそらく新しく描くのは、とりあえず一旦ストップするかな。

叶井　数年前に画集（『The Birth of Rockin'Jelly Bean』ワニマガジン社）出したじゃん？

RJB　1冊出したけど、まだまだまとめてない作品がいっぱいあるんだよ。あと、若いアシスタントも探して、あわよくばジェリービーン道を叩き込んで影武者をつくろうかなと。

叶井　影武者？　同じような絵を描けなきゃいけないじゃん。弟子的な人はいるの？

RJB　今はいない。とにかくサインだけ練習してもらって、サイン会できるようにしてさ。本当は2代目ジェリービーンを息子2人のどちらかに継がせて、世界初の世襲制アーティストにするのが夢だけど。まだちょっと小さいからなぁ。

叶井　でも絵って遺伝する？　絵は上手なの？

RJB　そこそこ上手い。上の子は爬虫類、ヘビばかり描いていて、下の子は『にゃんこ大戦争』にハマってるから、今はにゃんこの絵ばかり描いているけど。スタイルは全然違っていてもいいの。6歳のチビなんか、オレの絵とか大嫌いだから。「おまえまたキモい絵ばっか描いてんだろ!」って、よく言われる。

叶井　それは子どもだから恥ずかしがっているだけなんだろうけど。でも半年だとけっこう厳しいね。弟子も今いないわけでしょ?

RJB　探し当てられず、1人でずっと作品をまとめることになるかもね。半年間あるなら3冊ぐらいは画集出したいな。あとグッズや関連商品を作りやすいように作品をまとめておくとか。やっぱり絵描きになると、自分の名前をどういう形で残せるかが目標になるんだよ。

叶井　それは作品として残るじゃん。まあ、でも基本は仕事をするってことだよな。やっぱりそうなるよ。オレなんかさ、今、月1回病院で経過だけ聞くんだけど、この間、もう最短で余命数週間と言われて。でもすでに数週間たったから。なんか年内はいける気もしてきたよ。

RJB　本当にすごいよ。マジで奇跡じゃない?

叶井　この前、検査したら膵臓がんが15センチぐらいになっていて臓器を圧迫しているから、今、半分の内臓が使えない状態らしいのね。その上、手術で胃をちょっと切って、食事は食道から小腸に行っているようなもんだし、食べた栄養は全部がんにいっていると。医者から「会社行ってるんですか?」「会社で普通に仕事できてます?」みたいなレベルの質問されて、「よく動いていていますね。ちょっとレアケースだ」って、看護師とコソコソ相談していたよ。
RJB　なんかおかしいんじゃないかと。
叶井　「半分の内臓が使えてない」と言われたらオレも怖くなってさ。「え、何？　オレ内臓動いてないの？」って聞いたら、先生が内蔵の働きや役割を一つひとつ解説してくれて。「そんな大切な内臓が使えていないのは、人としておかしくないですか？」と聞いたら、「だからおかしいんです！」って。
RJB　いや、やっぱり奇跡だと思う……。そもそも『キラコン』の話を年始に聞いたとき、「この映画が公開される頃、オレいるかどうか分かんないから……」とか言うから、オレも急いでほかの仕事の調整して。とにかく超スピードで描いてデザイナーにも「早く上げないと！」とか言いつつやったわけだけど。
叶井　「オレが死ぬまでに描いてくれ」ってね。この週末のトークショーもできないと思っていたけど、大丈夫そうだわ。家にいてもネットフリックス見るくらいだし、トークショー後の打ち上げもたぶん行けるよ。
RJB　あ、本当？　オッケー。じゃあ、みんなに声かけとくわ。てか今、普通に電車乗って会社とか通勤しているんだ。急にしんどいとかだるいとかもないの？
叶井　普通に電車乗っているし、特に何もないよ。体重が減った以外は別に。すごいんだよ。オレもよく分からん。

写真/二瓶 綾

Rockin'Jelly Bean（ロッキン・ジェリービーン）

覆面画家。1990年より活動、日本のバンドシーンにてフライヤー、ジャケットなどをキャリアの原点とし、活動は国内外、インディー、メジャーの枠を越え拡張し、現代美術の世界まで及ぶ。'95年頃より単身渡米、7年間LAでの活動の後、近年は活動の拠点を日本に戻し、自身のアーティストショップ「EROSTIKA」をプロデュースする側ら様々な分野でCOOLなアートワークを提供している。

エンドロール！ 5

［構成］菅原史稀

●作家

樋口毅宏

自身が余命半年と告げられたら――

「いやちょっと、どうなっちゃうか分からない。」

最初に雑誌の連載とかコラムをやらないかって言ってきたのが樋口。当時はコアマガジンのエロ本編集者だったけど、そこでオレを面白がってくれた。オレが宣伝してる映画をしつこく持ち込んでたら、「自分で原稿書いてくれたら、そのまま載せるよ」「好きなこと書いていいよ」って、めんどくさかったんだろうね、そういう時代だったから。それから今に至る付き合いがある。くらたまと樋口の奥さん（弁護士の三輪記子）も仲がいいしね。

樋口　初めて会ったのは、お互い20代でしたけど、当時のこと覚えてます？　僕がコアマガジンで働き始めた頃、編集部の人から「（映画配給会社の）アルバトロス・フィルムの人を紹介するよ」って言われて会ったのが、叶井さんだった。

叶井　ちょうどオレが映画『キラーコンドーム』を担当してたときだったから、その公開直前の1998年くらいかな。

樋口　そうそう！　それで僕は「こんなエロ本の編集部なのに、わざわざ映画の宣伝で来てもらって申し訳ないなあ」って思ったんだよ。

叶井　でもオレ、あれから毎月編集部に行ってたよね。コアマガジンの人たちって結構話が合ってさ、居心地良かったんだよ。おまえのハメ撮りも見せてもらったりしたけど、「本当にヤッてるわ」と思って。当時は企画で、編集者がああいうのやんなきゃいけなかったんだよね。

樋口　うん。もちろん拒否権はあって、1回もやってない編集者もいたけどね。読者が「うちの奥さんを抱いて、誌面に載せてください」って、編集部にやってくる。

叶井 旦那側も奥さん側も、それがうれしくてやってるんでしょ？　そういう嗜好の人たちというか。

樋口 そうそう。紀元前400年前のギリシャの歴史家ヘロドトスの大著『歴史』にも「カンダウレスという王様が、自分の奥さんがあまりにもキレイだから自慢したくて、家来にこっそり裸を見せていた」っていう記録が残っていて、そこからそういう嗜好が「カンダウリズム」と言われるようになったみたい。

叶井 へえ。そういうマニアの人ってさ、どういう心理なんだろう。オレにはよく分かんないんだよ。

樋口 ビートたけしが言ってたじゃない。自分の車は自分で運転しているとそのカッコよさが分かんないけど、人に乗ってもらうのを見て、「オレの車ってカッコいい！」と分かるって。それと似ているんだと思う。

叶井 いや、分かんないよ！

樋口 叶井俊太郎をもってしても、分かんないの？

叶井 コアマガジンでそういう光景を見てたときも、「あれなんなのかな？」って思ってたよ。

樋口 僕もね、あそこで仕事をやっているうちに、だんだん理解できるようになってきたの。

叶井 いや、男の心理は置いといて。女性側の気持ちは？

樋口　女性側はね、自分の男が「他の男に抱かれてくれ」って言い出すから、最初のうちは「この人は私と別れたいから、困らせたいんだ」って思うんだって。でも、いろんな人とヤッたあと、最後に夫がハメ倒すんですよ。みんながヤッた後のドロドロのマンコを舐めてから。で、それが2人だけでヤるときよりずっと感情を込めて激しい。大事にしてくれることが分かって女性は愛する男に頼まれるがまま、他人肉棒を受け入れる。

叶井　（困惑した様子で）うーん。

樋口　いや、僕もコアマガジンに入ったときは衝撃でしたよ。でもね、出会いに話を戻すと、叶井さんの存在自体もえらい衝撃的だったわけですよ。僕の4つ上だし、おもろいお兄ちゃんって感じで……すごい話ばっかりしてたよね。「こないだよお、7000万円のマンション、冷やかしに内見行ったんだけどよ、帰りにハンコ押してたわ」とか。

叶井　そうだったかなあ。

樋口　それからさ、叶井さんって計4回結婚してるけど、2回目の結婚パーティーのときに引き出物でいただいたTシャツ、今日着てきた。（Tシャツを見せる）

叶井　2回目の結婚って、30年くらい前じゃない。まだ持ってんの？　すごいね。それ、宇川（直宏）くんのデザインだよ。

樋口　これを4年くらい前に、叶井さん家に遊びに行くときに着て行ったら、叶井さんもくらたまも爆笑してたんですけど。

宇川直宏氏がデザインしたというTシャツ。贅沢な引き出物だ。

叶井　そらそうだろ！

樋口　でも、これは僕にとって、叶井さんと会うときの正装だから。でもさあ、ビックリなのが、僕、もともとくらたまと小さな御縁があったのよ。「ＢＵＢＫＡ」の編集長の寺島（知裕）さんが当時無名のくらたまと麻雀仲間で、「ＢＵＢＫＡ」でマンガを描かないかって寺島さんがオファーして。その漫画が評判になって、「ＳＰＡ！」（扶桑社）からもくらたまさんのところに話がきて、『だめんず・うぉ〜か〜』が大ヒットして人気マンガ家になっていったんだよね。

叶井　そうだったんだ、全然知らなかったよ。

樋口　当時「ニャン２倶楽部Ｚ」っていうエロ雑誌で、叶井さんに映画のコラムを書いてもらってた時期だったじゃない？　くらたまさんが会社に来ると、僕は「お疲れ様です」って会釈をする程度だったけど、２人がまさか後に夫婦になるとはね。

叶井　僕に初めてコラムの仕事をくれた人が樋口さんなの。で、樋口さんがその後「ＢＵＢＫＡ」に移ったタイミングで、オレもそこで連載を持つことになったわけだけど……その頃、くらたまも連載やってたってことだよね。

樋口　ふたりは出会う前に「ＢＵＢＫＡ」で連載していた。

叶井　でも本当にお世話になったね、樋口さんには。

樋口　いやいや、叶井さんって本当にすごい書き手なの。僕は４〜５年編集担当してたけど、その間、ただの一回も誤字脱字がなかったんですよ。

叶井　いや、適当に書いてるだけだから。

樋口　正確だし、文章のリズムも抜群に良いし、もう驚いちゃって。普通、メディアの表記って「!」の後はひとマス空けるのが原則になってますけど、叶井さんの場合はあまりに文調が良いのと、本人が実際にしゃべっているみたいなリズムにしたかったから、特別にひとマス空けないルールにしていたほどなんですよ。叶井ルールと呼んでた。それくらい、特別だったんですよ。でね、今日は僕、今までの叶井さん伝説について検証したくて、いろいろお聞きしたいことがあるんです。叶井さんって本当にすごいウワサがいっぱいある人なんですけど、それが果たして真実なのか、この際本人に確認する必要があるなと思って。

叶井　はいはい。

樋口　まずは叶井さん、20歳から3年間、ハワイに留学してたことがあったでしょう。その理由として、ささやかれているウワサが2つあるんですよ。1つは、叶井さんの入れる大学が日本になかったっていうこと。もう1つは、マルイの借金がかさんで、ハワイに高跳びしたっていうこと。

叶井　マルイの借金って……そんなのあったなあ。ハワイにいたとき、親から「裁判所からあんた宛に赤い紙が届いてる」って連絡がきたんだよ。

樋口　督促状?

叶井　そうそう、すごい怖いの。で、親に「家に誰か来たの?」って聞いたら、「何回も来てるよ」って。親に「払ってよ」て言ったら、「払わないよ!　あんたの金でしょ!」って。

樋口　ハハハハ！

叶井　で、それがなんの金かっていうと、免許ローンなんだよね。当時の若者はよくやってたけど。それを払わずに、オレはハワイに行っちゃったわけよ。

樋口　オレは年賀状を印刷するバイトをして稼いだお金で真面目にマルイのローンを払って免許取ったのに、今ではすっかりペーパードライバーだよ……。

叶井　ちゃんと払ったんだ。まあ、最終的には親が払ってくれたと思うんだよね。

父の愛人ともちゃっかり…

樋口　話逸れちゃうけど、そういえば叶井さんのご両親って、どちらも新聞関係のお仕事してたんだよね？　だから、叶井さんが文章上手いのってご両親譲りなんだなって。

叶井　そうそう、2人とも名古屋の中日新聞社にいたから、そこで出会ったみたい。当時母親はまだ大学生で、20歳のときにオレを産んだの。

樋口　お父さん、悪い人だな！　血は争えないなあ。その悪いお父さんにまつわる叶井伝説もあって、それを検証したいんですよ。叶井さんがハワイに留学中のときに、叶井パパが若い女性を連れて「おい俊太郎！　チップ弾んでやるからハワイ案内しろ」って言ったんだけども、その夜、お父さんが見てないうちに、ちゃっかりその愛人とも……。

叶井　そんなこともありましたねえ。

樋口　実の親子が兄弟に！　そんなことしながら、海岸で「ＵＦＯが追いかけてくる〜」って大騒ぎしたりしてるんでしょ？

叶井　オレも記憶が曖昧なのよ。ハワイでの出来事は、あんまりよく覚えてない。むしろ、樋口はよく覚えてるね。

樋口　昔はよく一緒に飯に行って、こういう話ばっかりしてたじゃないですか。でも、アルバトロスで『八仙飯店之人肉饅頭』とか『キラーコンドーム』を買い付けて、だんだんと叶井さんの名が売れだして忙しくなってきたでしょう。で、『アメリ』で大きく当てて、独立して。社長になったのに、その後１年くらいであっという間に会社を追放されて、次に作った会社で数億円の未払いを抱えて、自己破産。それでも本人は、眠れない夜は１日もなかったと言ってるんですよ。

叶井　そうだね。

樋口　こういうウワサも聞いたんだけども。会社をつぶした後、支払いの取り立てが毎日来ていた。しかし自己破産した途端、借金取りが来なくなった。そしたら叶井さんから電話して「おまえ、なんで来ないんだよ。寂しいだろ！」って言ったっていう。

叶井　あったねえ。

樋口　そんな人、他に見たことも聞いたこともないよ。ここまで破天荒な男って、叶井俊太郎か勝新太郎くらいじゃない？　奇しくもイニシャルが「S・K」という共通点！

叶井　あそこまでいかないでしょう。でも、破産した頃はすごかったね。電話とメールの嵐でさ。

樋口　昔のこととはいえ、どうしてそんな他人事みたいに言えるんだよ！　その時期には、もうすでにくらたまに出会ってるんだよね？

叶井　そうだね。3番目の奥さんに「自己破産する」って言ったら、離婚することになって。その後、くらたまと結婚した。あの人的にも、自己破産した男と結婚って、仕事のネタになるところもあったのかもね。

樋口　くらたまはたくさんのだめんずをマンガにしてきたのに、何ひとつ学習してなかった。2人で『ダメになってもだいじょうぶ　600人とSEXして4回結婚して破産してわかること』(幻冬舎)っていう本を出してるくらいの夫婦だしね。あの本なんか、全ページがコンプライアンスに抵触してるから。

叶井　あれねえ、もう今は書いちゃダメな内容だよ。娘にも読ませらんねえ……。

樋口　世紀の奇書だよ。あの本を読んでてビックリしたのがさ、叶井さんはみんなで仕事に行って、各々が自分の部屋に行った後、叶井さんは女性の部屋に行ってベッドに寝っ転がって帰らないんだって。それで女性の方が「しょうがないなあ」ってシャワーを浴び出すと。

叶井　なんの参考にもならない、ひどい話だよね。

樋口　柳下毅一郎さんの書評も、本当に素晴らしかった。「600人とやっても、人生で何一つ学ばない叶井俊太郎は、童貞も同然だ」。おかしくって、おかしくって。
叶井　あの書評は、天才的だったよね！　光栄だよ。おまえの本についても、書いてもらえばいいんだよ。
樋口　えー。僕は、樋口毅宏の本を取り上げるような柳下毅一郎はキライだなあ～。柳下毅一郎は手が届かないところにいてほしいわ。
叶井　なんでだよ！
樋口　どうせ本人は「安心しろ。そんな日は永遠に来ない」って思ってるよ。

幼少期に「遺体の顔を触ったこと」がトラウマ

樋口　でもね、叶井さんはめちゃくちゃな人なんですけど、月9ドラマの主人公のモデルになったっていうすごい伝説の持ち主でもあるわけですよ（『東京ラブ・シネマ』）。主題歌は、大瀧詠一。あのドラマが放送される直前まで、曲が出来上がってなかったらしいけど。
叶井　そうなんだ。曲作るの、遅い人なの？

樋口　大瀧詠一のこと知らないの!?

叶井　あんまりよく知らないんだよなぁ。

樋口　こんだけの数をこなしてるのに、女性を口説くとき大瀧詠一をBGMにしてなかったってこと?

叶井　ないですね。

樋口　我々世代なら、飲みながら大瀧詠一の曲をバックに、っていうのが常套手段だったけど、叶井さんはお酒飲まないもんね。

叶井　うん。だからオレ、死ぬまでに一度やってみたいのが、酔った勢いでセックスするってことなの。

樋口　ハハハハ!　全部シラフでヤッてるんだ。僕だったら恥ずかしくって、お酒飲まないと口説けない。そういえばさ、叶井さんとくらたまが独身時代、とある絶版になったマンガをお互い自宅の本棚に置いてるってことが分かって、価値観が合うなと実感したっていうエピソードがあるじゃないですか。それが大きな結婚の決め手になったって聞いたんだけど。何て本?

叶井　ジョージ秋山の『ラブリン・モンロー』だね。それ見て「(価値観が)一緒なんだ」と思ったんだよ。

樋口　それで結婚って、いい話だよね……。僕は、自分の妻と叶井さんの妻が交流があるって、たまに不思議な感覚になるときがあるんだよ。いやね、1カ月くらい前、ふさこ(三輪記子)のところに、くらたまからメールがきて。「実は叶井が、余命宣告されて」って。借金を踏み倒して自己破産したときでさえ、眠れない夜はなかったという叶井さんも、今はさすがに考え込んじゃったりするんじゃないかと思ってさ。

叶井　ないよ！　この世には何も未練がないから、余命を宣告されたからって悲しむようなことがひとつもないの。全部やり尽くしたと思ってるからさ。むしろ、オレは死ぬタイミングが今で良かったよ。逆に、シワシワのじいちゃんになってから死ぬほうが嫌だから。

樋口　いや、それはすごいなと思うわ。僕はね、死ぬのがめっちゃ怖いの。

叶井　「あと半年で死ぬ」って言われたら、どうする？

樋口　それ、妻にも言われたんだよ。「もしも自分が余命半年って言われたらどうする？」ってさ。いやちょっと、どうなっちゃうか分からない。僕、子どもの頃から死ぬのが異常に怖かったの。っていうのもね、物心ついたぐらいのときに、親戚の葬式に連れて行かれて、遺体の顔を触らされたの。それが一生のトラウマになっちゃって。それからお袋と一緒に寝るときに「人間はなんで死ぬの？」とか「死んだらどこへ行くの？」って聞くようになったりしてさ、死というものを非常に怖がるようになっちゃった。で、それが今も続いてるの。52歳の今も。だからさ、叶井さんの達観ぶりがすごいなって。

叶井　だって、しょうがないじゃん。人間は誰しも死ぬんだから。

樋口　そうは言ってもね、今はまだ嫌だなっていう気持ちがあるよ。子どもも小さいし。

叶井　「死にます」って言われたら、それはもう受け入れざるを得ないじゃん。「こう治療すれば助かります」ってことだったら、もちろんそうしたけどさ。膵臓がんだし、もうかなり大きくてこのままじゃ手術はできないって言われてさ。抗がん剤使ってみて、もしうまく効いてがんが小さくなったら手術できるかもしれないけど、効かないで弱るだけかもしれないし、手術成功しても5年以上生きられる確率は低いって言われたんだもん。だったら、諦める。じゃあオレはもうこのまま死にたいって。

樋口　今、食べ物の味とかは普通なの？

叶井　味は別に変わらないんだけど、1カ月ぐらい前、がんが超でかくなってさ。食道と胃を圧迫しちゃってたから全然食べれなかったんだよ。だから、食道と小腸、大腸を直結してもらって、今は食べれるようになったんだけど。85キロだったのが、今は65キロになった。でもさあ、あなたはそんなに生にしがみついてるんだね。

樋口　死ぬのが怖いから自分の小説で人をバンバン殺すんですよ。北野武も初期の作品は自分を殺しまくりでしょ？　たけしさんも渋谷陽一のインタビューで話してたもん。「死ぬのが怖かった」って。叶井さん、性欲の方はどうなの？

叶井　ないんだよ。若い子とごはんくらいは行けるんだけど、セックスはもうできないね。

樋口　すごいね、叶井俊太郎って。死ぬ間際までウソをつけるんだ。

叶井　マジだよ！　最後に20代と……とは思うけどさ、できそうな子は何人か思い当たるから、それだけでもう満足だもん。あとさ、末期がんだから、何が起こるか分かんないじゃん。セックス中に死にたくない。

樋口 え！　叶井俊太郎らしくないこと言ってる！

叶井 オレだって、知らねえやつの前で死にたくないよ。入院中もさ、看護師に「最期に1回、やりたいんだよ」って言ったら「はいはい、じゃあ今度ごはん行ったらね」って言われて、もうそれだけでオッケー。「自分はまだまだいけるんだ」って思えたら、もうそれ以上はいかないから。

樋口 病院のベッドの上でも口説くわけね。

叶井 だって、入院中って暇なんだよ。

樋口 そういう問題？

叶井 そうだよ、やることないんだから。

樋口 そうか。叶井さん、余命宣告を受けたっていう発表は、いつするんですか。

叶井 この本の発売のときだよ。

樋口 じゃあ、まだオレも言わない方がいいんだね。

叶井 そりゃそうだよ。ダメだよ、まだ言ったら。

樋口 こういうのってほら、案外漏れやすいから気をつけないと。でも叶井さん、この対談が今生のお別れじゃないから。また普通に会ってくだらない話しましょうよ。2回目の結婚パーティーのTシャツ着て行くからさ！

写真／二瓶 綾

樋口毅宏（ひぐち・たけひろ）

1971年、東京都豊島区雑司ヶ谷生まれ。出版社に勤務したのち、2009年『さらば雑司ヶ谷』（新潮社）で小説家デビュー。11年『民宿雪国』（祥伝社）が山本周五郎賞と山田風太郎賞の候補作となり話題に。著書に『テロルのすべて』（徳間書店）『タモリ論』（新潮社）『ドルフィン・ソングを救え！』（マガジンハウス）などがある。最新著作は『Dear Mom, Fuck You 無法の世界』（KADOKAWA）。ハードボイルド育児作家を自称している。

エンドロール！ 6

［構成］佐藤彰純

●特殊翻訳家

柳下毅一郎

自身が余命半年と告げられたら――

「仕事だろうね。仕事だけはちゃんと片づける。」

柳下さんとは、オレが仕事を始めたころから30年くらいの付き合いになる。今回来てもらったのは、自分が昔どうだったかっていうのを知りたかったっていうのもあるんだよ。それに、柳下さんは自分の書評集でオレの本を3～4冊取り上げてて、めちゃくちゃけなしてるんだけど、それが超面白くてさ、素晴らしいと思ったよね。天才だよ。映画についても柳下さんの影響を受けてる。この人の紹介する変な映画を買い付けたこともあるしね。

柳下　これ、懐かしいでしょう。VHSだからね、いろいろ持ってきたんだよ。

叶井　『ドイッチェーンソー　大量虐殺』（97）『テロ2000年　集中治療室』（97）『ユナイテッド・トラッシュ』（98）……すごい、これはすごいよ。このへんのシュリンゲンズィーフ作品さ、柳下さんのおかげで買ったんだよ。

柳下　そうだっけ。

叶井　そうだよ。この前に『ネクロマンティック』やって、ほかにもこういうのない？　って話をしたときに、柳下さんが「いいのあるよ」って。それで買い付けて、柳下さんに原稿書いてもらったじゃん。

柳下　そうか。でもさ、『ドイッチェーンソー』って、タイトル間違ってるよな。

叶井　え？

柳下　だってこれは『The Texas ChainSaw Massacre』（邦題『悪魔のいけにえ』（75））のパロディな

わけだから、『ベルリン・悪魔のいけにえ』とか、そういうタイトルにしなきゃいけなかったよね。

叶井 言ってよ、それ。オレも変なタイトルだなって思ってたのよ。そうしてたら変わってたかもしれない。

柳下 ヒットしたかもしれないね。

叶井 これコケたからね。当時言ってくれないと。

柳下 そんなこと今さら言ってもしょうがないけどさ。

叶井 でも、すごい時代だったよ。こういうのがあってさ、オレの買い付けの初期は、柳下さんに「こういう映画があるよ」って教えてもらったおかげで、今に至るわけですよ。

「アルバトロスに、面白いやつがいる」

柳下 最初に会ったのはけっこう前だよね、30年前くらい？　アルバトロスにいたとき。

叶井 だから、オレが25〜26じゃないかな。

柳下 オレが覚えてるのは、「アルバトロスに入った面白いやつがいる」って紹介されて、遊びに行ったんだよね。そしたらＶＨＳのサンプルがいっぱいあって、「何本でも持って行っていいですよ」って言われて、いっぱいもらったんだよ。まだ家にあるよ。ラス・メイヤーの日本語版のビデオとか。アルバトロスに入ったのって、いつ？

叶井 91年、92年かな？　93年に『八仙飯店之人肉饅頭』なんですよ。そのときに、柳下さんと相談して、佐川くんを紹介してもらったの。覚えてます？

柳下 佐川一政。「パリ人肉事件」のね。覚えてるよ。

叶井 この映画、佐川くんにオピニオンしてもらったほうがいいんじゃないかって。

柳下 オレが言ったの？

叶井 言いましたよ！

柳下 なんかいろんな人に、オレのせいだって言われてんだけど、そんな不謹慎なことばっかやってたわけじゃないと思うんだけどなあ。

叶井 やってますよ！　オレはまだ20代なんで、そんな考えは及ばないから。佐川くんの存在は知ってたけど、連絡先までは知らないもん。

柳下 まあ、普通佐川くんの連絡先は知らないよね。

叶井 柳下さんに教えてもらって、佐川くんと会うわけですよ。『人肉饅頭』の話をして、コメントもらったり、いろいろ協力してくれるっていうから、お茶してね。そうしたら、佐川くんが、自分で映画を作りたいって言い出したんですよね。

柳下 はいはい。

叶井　もともと書いている脚本があるからって、それをファクスで送ってくるわけよ。それが1日中、何通もくるの。ほかの仕事に支障が出て、会社の上司から「叶井おまえ、これいい加減にしろ」「仕事にならない」って怒られてさ。佐川くんに電話して、郵送してくれって言ったら、その日から会社の前でオレを出待ちし始めた。

柳下　ははははは。

叶井　読んでください！　って渡されてさ、オレも困って柳下さんに電話したのよ。佐川くんが毎日来ると。そしたら柳下さんに「おまえがバカだ」って説教されてさ。

柳下　ああいう人に、真面目に期待を持たせたらいけないんですよ。ダメなものはダメだと断りなさい、と。

叶井　「おまえは分かってないけど、あいつは人を殺してるんだぞ。殺人鬼だぞ」って言われて、そこでオレも目が覚めたんだよ。そういえば人殺しだ！　って。

柳下　人当たりがいいからって騙されちゃダメなんだよ。

叶井　電話で、すごい言われたよね。「人を食ってるんだぞ、おまえ。人間を食ってるやつなのに、ホイホイなんでも話を聞くからこうなるんだ」みたいな。確かに、人を食ってますねえ、って。それから線引きするようになって。あれは怖かったね、3〜4日はいたよ。

柳下　本人は分かってんのよ。完全に無意識でやってるわけじゃなくて、自分の押し出しを分かってやってくるんだ、ああいうタイプの人は。自分が行くとプレッシャーになるってどこかで計算してるんだよね。

叶井　オレも若かったからね、聞いちゃうよ。

柳下　まあ実際には、何もやらないっていうのも分かってたからね。ただ、そこらへんも込みで付き合わなきゃなんないってことだよ。

日本に住んでいるのに「緊急来日」!?

叶井　90年代後半は、なんでも売れてたからね。

柳下　アルバトロスは特にね、ビデオバブルもあったし。『ネクロマンティック』とか、当たったでしょ。

叶井　『ネクロマンティック』と『人肉』は売れたね。『ネクロマンティック』は、本国で発禁になってたでしょ。扱ってるセールスカンパニーがなくて、辿っていったら監督自身がマスターを持っていて、直接買うことにした。

柳下　主演のやつが日本にいたんだよね。ダクタリっていう。

叶井　ダクタリ・ロレンツ。三茶に住んでた。監督から買ったときにファクスが来て「ダクタリは三茶に住んでる」って。三茶っていうのは三軒茶屋かなとは思ったんだけど、ローマ字で「SANCHA」って書いてあってさ。電話番号もあったから、電話したの。日本語で「はいー」って出たから、「ダクタリさんですか?」って聞いたら、「そうです」って。で、『ネクロマンティック』を買い付けたって伝えたら、「えっ!?」ってすごい驚いてて、「ちょ、ちょ、ちょ、すぐ会いませんか」って。焦ってたなぁ。

柳下　ははは。

叶井　その日の夜に渋谷の喫茶店で会ったの。オレからしたら「俳優じゃん、ネクロの主演じゃん」て挨拶したんだけど、なんかキョロキョロして挙動不審でさ、『ネクロマンティック』を買ったって、どういうことでしょうか?」って言うから「買い付けたから、日本で公開するんですよ」って言ったら、「やめてください」って言うのよ。なんでかって、自分は今、『ネクロマンティック』のせいでドイツに住めなくなったと。主演で、発禁とかニュースになってね、だから日本に来たんです、と。

柳下　その日本で公開されたら、たまんない。

叶井　日本で英会話のNOVAで先生やってるんですよ。ドイツから追放されて、そんなのを出されたらNOVAもクビになると。どうにかなりませんか、と。そんなの面白いからさ、すぐ思いついたんだけど、「ドイツの変態俳優、極秘来日!」ってことで来日キャンペーンをやっていいかって。それで3万円あげるって言ったら、やりますって。あのころはネットもないから、95年かな、渋谷の東急インかどこかの安い地下ホール借りて、記者会見やったんですよ。「ネクロマンティック の変態俳優、緊急、極秘来日」みたいにして、通訳の方も呼んで。そしたらスポーツ新聞とか、宝島の「CUTiE」だっけ、サブカルの女性誌が来て。

柳下　騙されてんじゃゃん、みんな。

叶井　ネットがない時代だから騙されちゃうんだよね。結局、それが大々的な記事になって、NOVAはクビになっちゃったの、すぐ。

柳下　あはははは、最悪じゃん！

叶井　「ミスターカナイ！　クビになった！」って。こっちも「申し訳ない！」って。

柳下　そりゃクビになるよね。

叶井　それで、クラブのDJの仕事を紹介したんだけど、しばらくしたらドイツに帰ってさ。そのドイツから連絡があって、「モスラのラジコンを買ってくれ」って言うのよ。「デカめのモスラで」っていう指定があって、5万とかお金も送ってきたから買って送ってあげたんだけど、その半年後くらいに、たまたまオレが『キラーコンドーム』を買い付けるわけです。で、見てたらさ、エンドロールのプロデューサーのところにダクタリ・ロレンツの名前が入ってる。すぐ電話して、「キラーコンドームという映画を買ったんだけど、部屋で見てたら、あんたの名前出てる」って言ったら、「あー、カナイに連絡するのを忘れてた」「おまえに買ってもらったモスラ、キラーコンドームの劇中に入れてるんだよ」って。見直したらさ、ラストに巨大コンドームが出てくるじゃん、そのコンドームの中にモスラが入ってて、ウネウネ動いてんだよ。それは、オレが買ってあげたやつなの。自分が買ったモスラが、自分が買い付けた映画にたまたま出てたの。

柳下　狭いな、世界は。

叶井　けっこう感動的な、運命的な、そういうことがあったんですよ。偶然が重なってね。

主演女優が来日できない!?　インチキイベントの一部始終

柳下　まあ、叶井の仕事はいい加減だよね。

叶井　だいたい、いい加減ですよね。

柳下　ノリでやっちゃうから。後で適当に帳尻が合うか合わないかは別として、それこそ語り草になってますけど、『ユナイテッド・トラッシュ』のイベントのときにね、主演のキトゥン・ナティヴィダッドが乳がんを患っちゃって来日できなくなって、仕方がないからヤギを連れてきたっていう。宇川(直宏)くんが適当に「ヤギでいいんじゃない?」って言ったのを真に受けて、ホントにヤギをブッキングして、イベントやったのがあったよね。

叶井　ひどかったよね。主演女優の来日の代わりに、ヤギと、チャボと、ブルドッグか。

柳下　意味がまったく分からない。

叶井　主演女優が来るって告知しちゃってたからさ。それで、来れなくなった代わりにヤギを呼びました！　ってね。恵比寿みるくだっけ、クラブで大々的に。みんなイエーイ！　って盛り上がってね、ヤギだー！　って。

柳下　よくまあ、あんなことやったよな。しかもチャボはサービスで付いてきたんだよね。

叶井　そうそう、湘南動物プロダクションってあったじゃん。動物の番組とかに貸し出す事務所。そこに連絡してヤギを借りたんですよ。そしたら、ヤギとブルドッグだったらオプションでチャボが4羽付きます、みたいな。オレも「付けてください！」って。ヤギを血まみれにしたんだよね。そしたら動物事務所のマネジャーが「ちゃんと洗って落ちるんですか」とかキレちゃって、宇川くん謝ってたよ。むちゃくちゃ面白かったよ。

柳下　宇川くんもね、今でこそ真面目にやってますけど、ホントひどかったからね。

あのウド・キアも叶井のせいでクビに

柳下　（『ユナイテッド・トラッシュ』のパッケージを手に取って）これ、ウド・キアのサインね。

叶井　ウド・キア？　どうやって？

柳下　ウド・キアがＦｉｌＭｅＸで来日したことがあって、そのときにインタビューしたんだよ。そのときちょうどウド・キアが日本で歯磨き粉のＣＭをやってたんだよね。ほら、あの人吸血鬼だから歯は大事なのよ。それでお金稼いでたんだけど、『ユナイテッド・トラッシュ』とか公開したやつがいて、そのせいでクビ切られちゃったんだよってボヤくから。「それはカナイっていう友達がやったんです」って言ったら、おまえのせいかー！　って怒られましたよ、ウド・キアに。

叶井　クビになったの？

柳下　そのせいかどうかは知らないけど、ＣＭ契約は延長されなかったって。シュリンゲンズィーフは結構変な人で、映画はいろいろ面白いんだけどね。しかしまあ適当な仕事してたよね、君たち。正直な話、こういう悪趣味というか、これだけ堂々とバッドテイストでやってる映画プロデューサーって、日本では、ほぼ叶井しかいなかった。

叶井　うん、こういう映画を扱ってるのはオレしかいなかった。

柳下　だから江戸木（純）さんとかオレとかが寄ってたかって、あれ面白いから、もっとやろうよって焚きつけて。

叶井　そうですよ、かき立ててんですよ、オレを。この人たちがいけないんだよ。

柳下　叶井は昔からニセモノとか好きすぎて、中学生の感性をそのまま持ってきたところがあって、それでやってたから楽しかったよね。

叶井　そうですね、90年代中頃は自由すぎましたね。

柳下　ライバルもいなかったし。

叶井　結果的にああいうのも、酒鬼薔薇聖斗が見たって話題になったりしたもんね。

柳下　本当に？　ロクでもないね。

叶井　いいんですよ、新聞に載ったんだから。酒鬼薔薇くんが見た映画が出てて、『人肉饅頭』とか『ネクロマンティック』とか10本くらいあって、それを都道府県が有害ビデオに指定したんです。朝日新聞とか読売新聞に出てさ、オレは「これだ！」と思ったわけ。その新聞を切り抜いて、拡大して、レンタル屋に電話してさ、「有害ビデオ指定コーナーを今すぐ作れ」って。旧作だからさ、それを集めて「これが酒鬼薔薇に影響を与えた有害ビデオだ」って。

柳下　最悪だな、まったく。

叶井　予算がないって言われたから、オレが自分でポップを作って、それを某大手レンタルチェーンに見せたら、やりますって言うの。

柳下　ホントに？

叶井　それで、渋谷店とかを含めて、有害ビデオコーナーをやったんですよ。酒鬼薔薇の名前も出してさ。もうバカ回り！

柳下　そりゃそうだろ。よくやったね、そんなの。そのころは某チェーンもコンプライアンスがなかったんだな。

叶井　某チェーンも、それで調子に乗ってさ、叶井さんのおかげでレンタル回ったんで、1年間、渋谷の店舗で叶井俊太郎コーナーをやりますって、ひとつ棚をもらったんだよ。それでオレ、毎週末に自分がオススメの映画をそこに置いて、レンタルしてくれたの。叶井俊太郎コーナーって、すごくないですか?

柳下　それ、某チェーンとしては黒歴史だよね。絶対認めないよ。

叶井　それをやった人はもう全員退社してます。その後、いろいろ規制されたよね、何本も上映延期になったりとかさ。

柳下　でも、もともとホラーやりたかったんでしょ?

叶井　そうそう。ホラー、B級、Z級だよね。「マルコポーロ」(文藝春秋)って雑誌あったじゃないですか。あれで江戸木さんが、たまたま世界のタブー映画の特集やってたの。そこに『人肉』とか『ネクロ』とか載ってたから、これ全部やりたいと思って連絡したんですよ。そこからですよね、いろんな変な映画を買い付けたのは。そういう時代でした。今も変わらず『キラーコンドーム』のリバイバルやってますから。25年ぶりですよ。変わらないってことですよ。余命いくばくもないけど、何の変化もないですよ。

叶井俊太郎は〝サイコパス〟

柳下 こないだね、この話を聞いたんで久しぶりに会おうと言って飯食ったんだけど、そこで話をしてしみじみすごいな、って思ったんだよ。叶井おまえサイコパスだからって、ずっと言ってたろ。

叶井 言ってますね。自覚ないけど。

柳下 昔から言ってたんだけどね。あらためてびっくりしたんだよ。サイコパスは命の価値が分からないってよく言うんだけど、自分の命すらどうでもいいんだと思って。

叶井 あっはっは。

柳下 共感能力がないとか、他人の痛みが分からないとかってサイコパスの特徴にあげられるんだけど——あ、オレも自分がサイコパスに近い人格だってのは認識してんだよ——自分の命すら合理的に処理できてしまうって、すごいことだなと。

叶井 まあそうだね。柳下さんだったら、どう？　余命半年って言われたらさ、どうですか。

柳下 うーん、まあいろいろ……仕事だろうね。別にやり残したこととかないけど、仕事だけはちゃんと片づける。あれとあれだけはやっとかないとまずいかな、とか整理してさ。自分にとって大事な順番に片づけていく感じになると思うけど。

叶井 落ち込んだりする？

柳下 そりゃ落ち込むでしょ。落ち込みますよ。

叶井 でも、寿命じゃん。

柳下 いや、そこがね。そこが割り切れてるのがさ。

叶井 だって人間って誰でも死ぬんだよ。

柳下 もちろん。

叶井 それが、たまたま早く来ちゃっただけですよ。

柳下 まあねえ。それを笑顔を浮かべて言われると、ホントにこいつヤバいやつだなって。

叶井 やっぱそうなの？　でも、あきらめざるを得なくない？　治らないってなったら。

柳下 まあそりゃねえ、いざとなったらそうなるかもしれない。オレもまあ、そっち側の人間だからさ、わりと命とか割り切れるほうなんで。助かるならなんでも言うけど、ねえ。

叶井 助からないんですよ。じゃあもう半年ね、って言われて、オレも普通の日常しかないなと思って。日常生活と、あとは仕事。来年の映画を早めに手掛ける、前倒しする、そういうことしかないよね。

柳下 それがすごいよ。それが相変わらずなんだもん。やり残したことはないの？

叶井 まったく未練はないよ。全部やり尽くした。中原（昌也）は覚せい剤やれって言うけどね。最後に覚せい剤やって死んでくれと。まあ確かに、シャブはやってませんが。

柳下　シャブやっても、あんまり意味ないと思うよ。もともとキマってるような人間だもんね。

叶井　そうですね。オレはやり残したことは何もないし、いつ死んでもOKな状況だったってことですよ。それが自分の中にあったんだなってことが、余命宣告を受けたときに分かった。

柳下　まあ、分かるよ。昔からそうだった。叶井ってあんまり幻想ないもんね、世の中にも、世界にもね。

叶井　ないですね。思想もないし。だってさ、柳下さんに「こんな映画あるよ、買ったほうがいいよ」って言われて、買うんだよ、こんなの。思い悩んでたら『ドイッチェーンソー』なんて買わないでしょう。柳下さんのオススメだから買うかって、それだけだもん。

柳下　でもさ、これタイトルおかしいよね。

叶井　だから、それを当時言ってくれって！

写真／後藤秀二

柳下毅一郎（やなした・きいちろう）

1963年大阪生まれ。特殊翻訳家、映画評論家、殺人研究家。訳書にアラン・ムーア+ジェイセン・バロウズ〈ネオノミコン〉シリーズ（国書刊行会）、ジョン・ウォーターズ『ジョン・ウォーターズの地獄のアメリカ横断ヒッチハイク』（国書刊行会）、J・G・バラード『クラッシュ』（創元SF文庫）など。著書に〈皆殺し映画通信〉シリーズ（カンゼン）、『興行師たちの映画史』（青土社）など。

7

［構成］真貝 聡

●現〝在〟美術家
宇川直宏

●ミュージシャン／作家
中原昌也

自身が余命半年と告げられたら——

「これまでの生涯で観るべきだと思い、しかし観ることができなかった映画を全て観る、かな。マジな回答しちゃった。」（宇川）

「バッティングセンターに行く。」（中原）

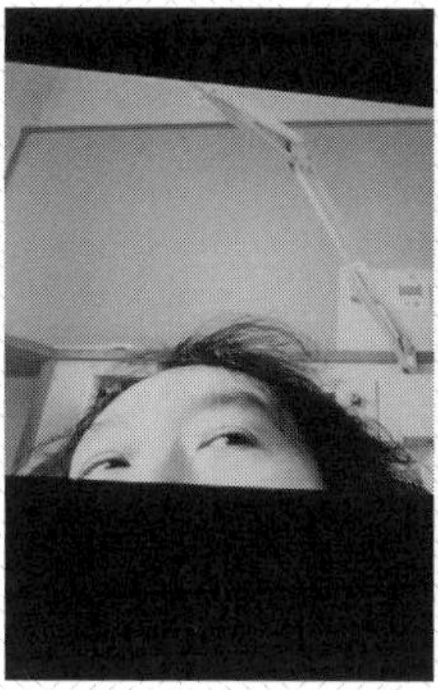

宇川くんは、オレが彼のデザインを雑誌で見て、これを映画に生かしたら新しいと思って声をかけた。誰も使ってなかったけど、彼のデザインに惹かれて付き合いが始まったんだよ。中原は「映画秘宝」で評論家としてやってたけど、彼は音楽家でもあるから、映画のクラブイベントでDJとかやってもらうのが面白いと思ってお願いしたところから。実際会ってみたら、やっぱり2人ともキャラが面白くて、それで仲良くなったよね。

叶井　（糖尿病で入院中の中原の病状について）義足って何？　足はあるよね？

宇川　え、足を切ったの!?

中原　切ってないよ。

叶井　切ってないのに、なんで義足？

中原　片足が麻痺していて動けないんだ。だから（サポーターを）足のかかとに付けてる。

叶井　じゃあ、切ってはないのか。中原くんは今、1日中ベッドの上にいるの？

中原　そうだよ。ずっと寝てるよ。

叶井　もう半年ぐらい入院してるでしょ。

中原　そうだね。

宇川　心配してるよ、僕たち。DOMMUNEでも中原くんの支援番組を先日14時間配信しました。中原くんの音楽仲間を集めて、ヘア・スタイリスティックスを聴きながら思い出を語ったのと、もう1つは小説家／批評家としての中原くんの側面を文壇界隈の方々と語り合ってサポートを募ったんだよ。

中原 ウワサは聞いたけど見てはいない。でも出たかったよ。

宇川 そうだよね。退院したら、もう1回やろう。

中原 でも、自分の力じゃそこまで行けないんだよ。

宇川 だけど、今度収録予定のハーシェル・ゴードン・ルイスの番組にも出てくれるって聞いたよ。

中原 それは出るよ。

叶井 どうやって出るの？

宇川 今日みたいに病院からビデオ通話で出てもらう予定。

叶井 そうか。とにかく、2人とも今日はありがとう。前にも話したけど、もうオレは余命いくばくもないわけよ。ステージ4の膵臓がんで、肝臓に転移してるっぽい。

中原 大丈夫じゃないでしょ、それ。

叶井 2週間前の診断では「最短で数週間の命」って言われた。

宇川 ……マジか。

中原 ヤバいね。薬とかはやってないの？

叶井 治療しても完治しないからやらないことにした。

宇川 叶井さんは余命宣告されても変わらず仕事をしてるんでしょ？　それを聞いて、なぜか叶井さんらしいと思ったよ。余命にさえ機能しつづけるワーカホリック。
叶井　そうだよ。昨年の6月に余命半年って言われてからも、日常生活は変わらない。この前、手術で2週間だけ入院したけど、病院生活は本当につらかった。中原くんは半年以上も寝たきりなわけだから、それで自分を保っているのはすごいよね。
中原　悪夢ばっかり見るよ。
叶井　退院の目処が立っていないし、かなりの恐怖だよね。
中原　めちゃくちゃヘヴィーだね。
叶井　そうだよな、まあ——。
（いきなり中原の画面から大きなうめき声が聞こえる）ウワァー！
叶井　今のは何!?
宇川　あははは、隣の患者の方です。
中原　スクリーミン・ジェイ・ホーキンスみたいだよ。
宇川　暴力温泉芸者のスクリーミングのサンプリングみたいな奇声が、今、入ったよね。
叶井　ハハハハ！　こうやって3人で話すのって多分、約20年ぶりなんだよね。そういえば、大昔に大阪へ行ったんだっけ？
宇川　そうそう。中原くんは覚えてる？
中原　覚えてるよ。

宇川　覚えてるんだ！　99年公開の『キラーコンドーム』のパーティーでトークしたんだけど、客が5人ぐらいしかいなくてさ。

中原　京都の「ｃｌｕｂ　ＤＡＷＮ」だよね。

宇川　アキイさんっていう「ＯＦＦ　ＭＡＳＫ　00」の人が参加してるサイケアウッというナードっぽいベース・ミュージックのユニットと共演したんだよね？

中原　懐かしいね。

宇川　僕らがトークショーをして、サイケアウッがライブをして、その後、中原くんのライブでオレがＶＪだった。

中原　会場にヤギを入れたのはなんだっけ？

宇川　それは恵比寿のクラブみるくでやった映画『ユナイテッド・トラッシュ』のパーティー。キトゥン・ナティヴィダッドという、ラス・メイヤーの元伴侶の俳優が出演していて。

叶井　あはははは、そのイベントの話題は、柳下（毅一郎）さんとも盛り上がったよ。

映画業界の定石を覆した伝説の数々

叶井　そもそも宇川くんとは、なんで出会ったんだっけ？

宇川　オレが円谷プロから依頼を受けて、『猿の軍団』（TBS系）のポスターを作ってさ。

叶井　あ、それを見てオレから連絡をしたんだ。「STUDIO VOICE」の人に「この『猿の軍団』の人は誰？」と連絡をして。そしたら――。

（再び中原の画面から大きなうめき声が聞こえる）ウウゥー！

叶井　また来たぞ！　ライブが始まった。

宇川　このシチューション最狂だよね。（DOMMUNEの）背景が地球のグラフィックで、たまに誰かの絶叫が怪電波のように入るって、何このフジサファリパーク状態（笑）。中原くん覚えてる？さっき話してた『キラーコンドーム』のライブが終わって、朝に新幹線で帰る最中、僕らアルケミーレコードのカレンダーを見ながら笑いが止まらなくなって。腹がイタクてケイレンして死にそうになったの。

中原　ハハ、なんとなく覚えてるよ。

叶井　え、何それ？

宇川　アルケミーレコードがカレンダーを出していて、その写真が素晴らしすぎてさ。オレと中原くんの笑いが止まらなくなって、大阪から名古屋までずっと笑いが止まらなくなった。今思い出しても……ハハハ。

叶井　何の話をしてるんだよ。聞いてる人がついていけないから、面白かった理由を言わないと。

宇川　中原くん、何が面白かったのか覚えてる?

中原　EPOだよ、EPO。

宇川　そうだ! 非常階段・JUNKOさんの写真がEPOに似てるって……アッハハハ! ただ、それだけなんだけど、2人とも笑いが止まらなくなって。

叶井　今も笑ってるじゃん!

宇川　でも、中原くんとオレはいつもこんな感じだったと思うよ。90年代初頭から。

叶井　オレは宇川くんと98年あたりに出会ったけど、ずっとこのノリだったね。

宇川　中原くんもこの感じだったよね。

叶井　うん。中原くんとは映画『ラットマン』(98)のときに会ったんだっけ?

宇川　主演はネルソン・デ・ラ・ロッサだよね。世界で最も小さい俳優っていう。

叶井　そういえば、『ラットマン』のジャケットも宇川くんに作ってもらったね。

宇川　アレは今はもう見せられないよ。

叶井　『ラットマン』の等身大ポスターを作ると言って、それが60センチぐらいしかないわけよ。

比較のために隣にタバコを置いたじゃん。あのポスターは衝撃的だったよ！　ＴＳＵＴＡＹＡとゲオ用に作って、お店の入口に「いらっしゃいませ」と「ありがとうございました」と書いた両面ポスターを貼った。

宇川　アハハハハ、平和な時代だったね。今だといくら映画の中のキャラクターだといっても絶対コンプラ的にアウトでしょう。しかし思い返してみると、メモリアルなことをいっぱいやってきましたね。

叶井　クリストフ・シュリンゲンズィーフの『ユナイテッド・トラッシュ』のパンフレットなんて、今だったら作れない。

宇川　渋谷系がトレンドだった90年代初頭に、川勝（正幸）さんが海外からセルジュ・ゲンズブールの映画とか、ゴダールとか、ポール・トーマス・アンダーソンとか、オシャレな映画を買ってきて、オシャレなポスターとパンフレットを編集して、世のトレンドキッズを翻弄していた時代があった。あれはリバイバルの映画を改めて文化潮流に乗せる〝Ｒｅエディット〟の才能だと思うし、まったく新しいトレンドを過去のレア・グルーヴから生《はぐく》んでいく行為だった。当時はそれの世紀末ヴァージョンを叶井さんと僕でやっていた気がする。

叶井　時代を先取りすぎたね。ハッキリ言って『ユナイテッド・トラッシュ』のパンフレットもそうだけど、このポスターがそれだよ。

宇川　今見てもヤバいよね。

叶井　映画館で上映する映画なのに、このポスターはあり得ない。

宇川　ハハハ、狂ってるよ。アフリカの大陸が全部血まみれの内臓とかで。

叶井　こんなの後にも先にもないから。

宇川　フライヤーは、主演のキトゥン・ナティヴィダッドのおっぱいがピラミッドになっているのをPANTONEのシルバーインクを使ってやってたね。

叶井　それを映画のポスターとチラシにして、全国の映画館に掲出してるわけだから。そもそもこのポスター見て映画だなんて誰も思わないし、よくこんなの作ったね。

宇川　キトゥン本人に見せたら喜んでたよ。私のオッパイ増えたって。

叶井　アハハハハ！

宇川　そんな仕事ばっかりやってた。当時は特殊なジャケばっかり。

叶井　普通は通らないし、印刷代だけで100万円以上するでしょ。

宇川　売れても赤字だからね。で、『ユナイテッド・トラッシュ』のトークショーもやったんですよ。そのときに中原くんがいろんな人と対談してね。

中原　覚えてるよ。特殊漫画家の根本敬さんとやった。

宇川　根本さんと、クリストフ・シュリンゲンズィーフの特集上映をやったんだよね。

叶井　そうだよね。宇川くんはその頃アメリカに住んでて、なかなか連絡が取れなくてさ。

宇川　あの頃はインターネットもまだ今みたいに浸透していなかった。基本の連絡手段は国際電話

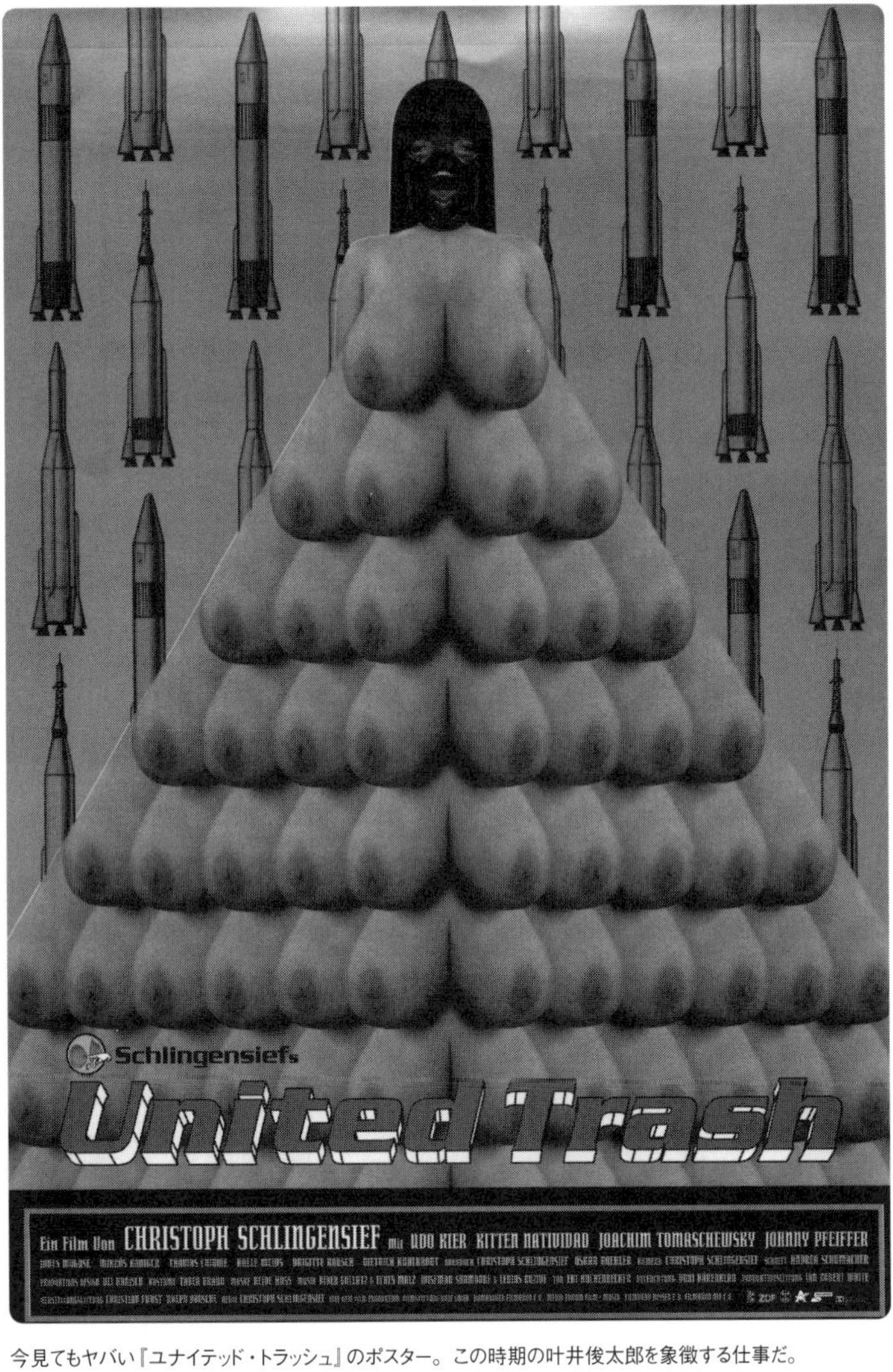

今見てもヤバい『ユナイテッド・トラッシュ』のポスター。この時期の叶井俊太郎を象徴する仕事だ。

だったし。

叶井　『ユナイテッド・トラッシュ』のポスターとチラシを作ってるとき、締切に間に合わないから日本に帰ってきて、オレの家に泊まり込んで作業していたよね。

宇川　あの頃は、ラップトップのコンピューターが今ほどの性能がなくてさ。たまたま叶井さんの家にマックがあって、それを借りて入稿したんだよね。アメリカから一時帰国していた時期は、そんなホームレスな方法で入稿してた。マックユーザーの友人の家に泊まってコラージュしたり、エイベックスに2週間ほど泊まり込んでデザインを入稿していた時期もあった。

叶井　あと、宇川くんの連絡先が（アパレルブランドの）ＬＡＤ　ＭＵＳＩＣＩＡＮだったこともあった。

宇川　ハハハ。友人の黒田雄一くんのＬＡＤ　ＭＵＳＩＣＩＡＮに住み込んで、勝手に事務所代わりにさせてもらったりね。

叶井　そうかと思えば、中目黒でバッタリ会ったら「今から叶井さんの家に行くから」「今日はオレの家なの？」ってさ。アレは面白かったね。

宇川　本当にいろんなところに泊まって、そこのＰＣで入稿してた。そういえばさ、インド映画『地獄曼陀羅 アシュラ』（00）のときのＤＪ沢田亜矢子って覚えてる？

中原　ああ、やってたね。

宇川　その頃は映画『ムトゥ 踊るマハラジャ』（98）のブレイクによって、「インド映画が当たる」

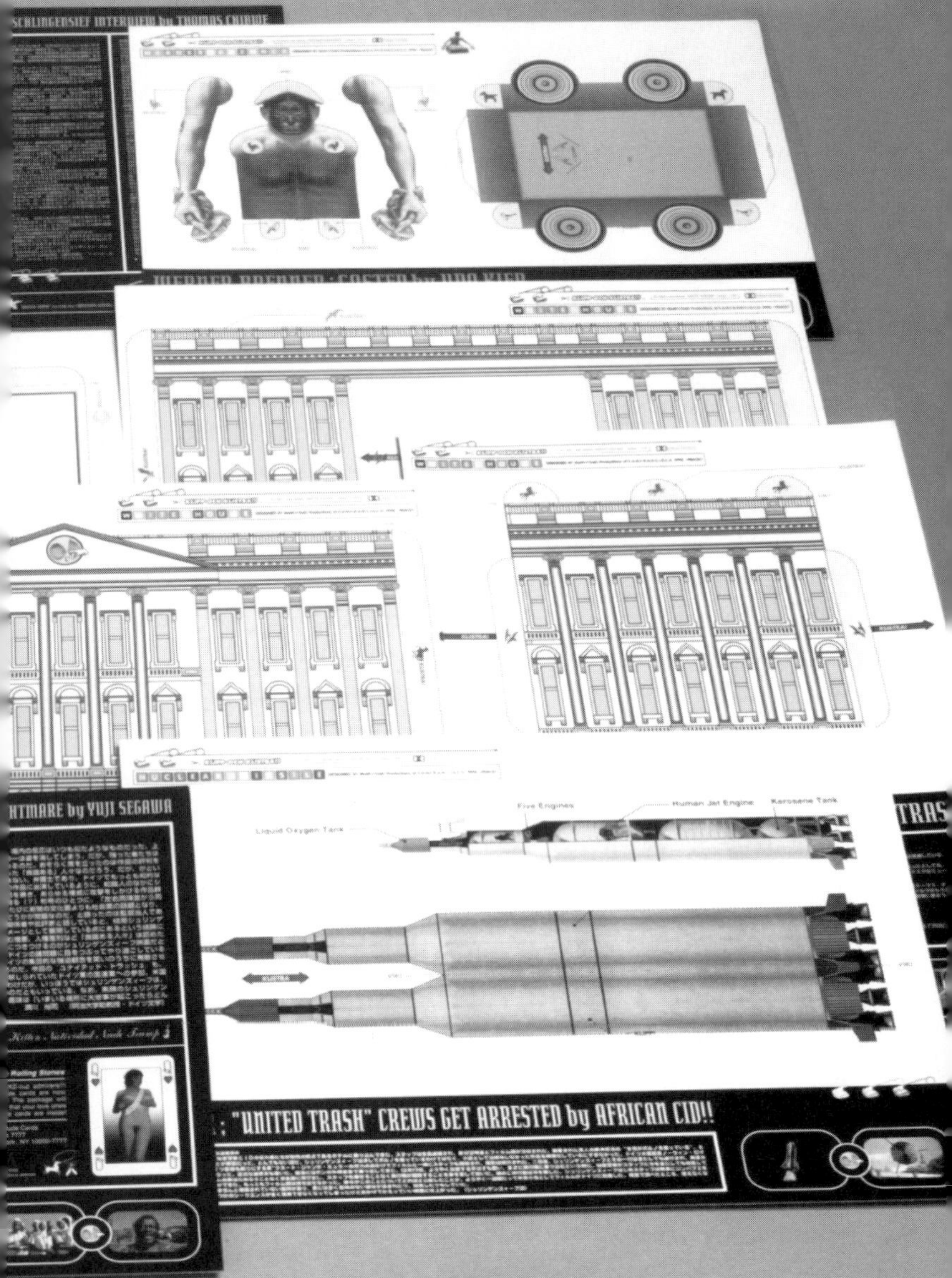

パンフレットボックス。久しぶりに目にした叶井俊太郎も「素晴らしい。映画のパンフには全く見えない。映画館側もよくパンフとして売ったよ。今ならクレームでしょ！」と語った。

ABOUT THIS PAMPHLET : MOM'n'DAD PRODUCTIONS
Trash
Ein Film von CHRISTOPH SCHLINGENSIEF
ZDF

みたいな空気が業界にあって。2匹目のドジョウをいろんな映画会社の人たちが狙っていて。
叶井 いろんなインド映画を買ってきてね。
宇川 今年も『RRR』(22)が大ヒットしたので、第二次インド映画ブームが来ると言われてるけど、あの当時もそんな空気で、自分も映画会社から派遣されてムンバイに2週間ジェナちゃんとラジニカーントの取材で、渡印してた。そんな中でも叶井さんはミュージカルじゃなくて、ホラー映画を買ったんだよね。
叶井 それが『アシュラ』で、いわゆるリベンジホラーだった。
宇川 当時は沢田亜矢子さんが、マネジャーで夫だった松野(行秀)さんと別れたばっかりで。
叶井 そうそう！　しかもワイドショーが追い込んでね。
宇川 彼はのちにプロレスラー(ゴージャス松野)になったりとか、すごいエクストリームに人生が急展開して。「『アシュラ』もリベンジホラーだから、これは沢田亜矢子さんをメインキャラクターにするしかない！」と叶井さんに言われて。オレが「ならばDJ沢田亜矢子って実現したらヤバくない？」と提案したんだよ。ハハハ。
叶井 沢田亜矢子さんの事務所に連絡をしたら、即OKをもらったからね。
宇川 なんでDJなのかと言ったら、68年オープンのサイケデリックディスコ「MUGEN」とか71年オープンの「BYBLOS」がディスコリヴァイバルで当時再度話題になっいて、彼女はBYBLOSに通っていたんだよ。後に「ロック・マガジン」(ロックマガジン社)の主宰・阿木譲さんと付き合っていたこともあって。何気にアンダーグラウンドやアバンギャルドともつながっているし、ダンスミュージックともつながってるコア・アイコンとして、彼女にオファーしたらOKが出た。

叶井　本当にDJしたの?

宇川　やってくれた。中原くんも出てたよね?

中原　なんとなく覚えてるよ。

宇川　『アシュラ』自体はコケたんだけど、イベントはめちゃくちゃ人が来たよね。それで叶井さんが味を占めて「宇川くん、今度は『クイーンコング』(01)って映画を買うんだけど」と言われて、どんな映画か聞いたら「タイトルで分かるでしょ? 『キング・コング』(33)の女版」だと。それで「これも何かイベントにできないかな?」「それだったらDJアジャコングはどうなの?」と言って。

叶井　あんたもひどいね!

中原　それは断られたでしょ?

宇川　OKになったんだよ! その頃は02年のDMCでDJスワンプが優勝して、スクラッチをしながらジミヘンみたいにレコードを回しながら燃やしたり、最後にレコードを叩き割るのが注目されて。なのでアジャさんに「そういうDJがいるんですけど、1曲かけた後に持ってきたレコードを全部叩き割って、1曲で退場するのはどうですか?」と言ったらOKが出ちゃって。

中原　見たような気がする。

宇川　中原くんも出てたよ！　しかもこれも会場に人がめちゃくちゃいて、割れたレコードの破片をアジャさんが投げまくったの。すごい話をしていい？　叶井さんとこの前、電話をしたときに「DJアジャコングの日のこと覚えてる？」と聞いたら「覚えてない」って言ってたよね？　で、その日、DOMMUNEのスタジオへ行くためにPARCOのエレベーターに乗ったら、なんと隣を見たらアジャさんが偶然乗ってて。

叶井　宇川くんと一緒に？

宇川　オレと一緒に。

叶井　電話してるとき？

宇川　電話した直後に。

叶井　ウソでしょ⁉

宇川　メイクはしてなかったけど、アレは絶対にアジャさん！　ちょっと運命を感じた。

叶井　DJアジャコングは覚えてるけど、現場のことは忘れちゃってるな。中原くんも出てたの？

宇川　ヘア・スタイリスティックスのライヴだったと思う。

中原　なんとなく覚えてる。

叶井　あの頃は連日そんなことがあったよね。しかし、素晴らしい仕事をしてたよ。あんな伝説はもう二度と作れない。

余命半年と言われたら、2人は何をする？

叶井　ところでね、オレは「余命半年で、持っても1年」と言われたの。でも「なんとかなんないものか」っていう気持ちにもならず、そのまま受け入れた。「半年か……じゃあ、何をやろうかな」って。

宇川　普通だったら、入院して抗がん剤治療するとか？

叶井　抗がん剤は勧められたけど「やっても治るわけじゃない」と言われたの。吐きまくって、髪が抜けてガリガリになって衰弱していくだけなら、やらないことにした。

宇川　延命は……。

叶井　しない。もう何も治療はしなくていいです、と。もちろん治るんだったらやりたいよ。でもオレの場合は治らないからさ。免疫治療はやったけど。それが効果あってまだ生きてるのかもしれない。宇川くんは余命半年と言われたらどうする？

宇川　もうこれは決まっていて、これまでの生涯で観るべきだと思い、しかし観ることことができなかった映画を見る、かな。マジな回答しちゃった。観ないといけない映画がたまりまくっていて。DOMMUNEでこれだけ映画の番組をやってるのに、時間がないから観られないいんだ。例えば、町山（智浩）さんや、柳下（毅一郎）さんや、（高橋）ヨシキくんが映画批評する番組をDOMMUNEでやっていても、日刊のメディアをやっている身、新作映画は、1本も見られてない。そもそも見る時間がない。だから、余命宣告をされたら全ての仕事を辞めて、今まで見ないといけなくてたまってる映画を見ることに決めている。つまり自分の余生を物語の中のさまざまな人生を味わうことによって、現生を改めてかみしめたい。

叶井　見ようと思ってるのは何本くらい？

宇川　1000本以上はある。

叶井　それは羨ましいね。オレも見たい映画はあるけど、そこまでのストックがない。だいたい見ちゃってるから。

宇川　そうだよね。やっぱりオレは、叶井さんとか中原くんが羨ましくて。中原くんは映画批評家でもあるわけで、叶井さんは映画のバイヤーでもありプロデューサーでもある。なので2人とも映画を見ることが仕事じゃん。オレはどっちかっていうと、アートとかデザインをする側なので、映画を見ることが仕事じゃなくてPRする側なので観なくてもできてしまう。とにかく、それぐらい時間がないんだ。毎日ストリーミングしてるので、特にDOMMUNEが開局してここ13年くらいは映画をちゃんと見られてない。

叶井　映画館には行ってる？

宇川　ほぼ行ってない。オンライン試写じゃないと見られない。

叶井　家でネットフリックスを見ることもないんだ。

宇川　観る時間がないね。思ったんだけど、叶井さんは「観る映画がない」と言ったでしょ？　オレは余命宣告をされたら人生の終章を結ぶために映画を観るつもりなんだけど、すでに観る映画がないということは、もう余命分も楽しんでるってことだよね。

叶井　強いて未練を言えば、読み進めているマンガの続きが読めない。あとは殺人モノとか事件モノのノンフィクションを読むのが好きなんだけど、新しいのが読めなくなるとかさ、そんなもんですよ。未解決事件の本とかさ。

宇川　死んで残念なのは、未解決事件本が読めないことなんだ（笑）。

叶井　鉄人社って出版社があるじゃん？　そこから出てる未解決事件本のシリーズがめちゃくちゃ面白くてさ！　今3巻まで出てて「これは続きがあるのかな？」と思って。

宇川　オレが地獄に差し入れしてあげるよ。

叶井　マジで頼むわ。鉄人社に電話しようと思ったもん。「オレが死ぬ前に続きを出してくれ」って。

宇川　いや、地獄だったら、すでに続きも届いてると思うよ。だって、登場人物は全員地獄じゃん。つまり本を読まなくても犯人に会えるよ。

叶井　未解決事件の、未解決である理由を知りたいよね。死んだらわかるかもしれない。

宇川　本人に聞けるよ！　いやぁ、面白いね。

叶井　中原くんは？　余命半年と言われたらどうよ。
中原　……。
叶井　アレ？　中原くん！
中原　……に行く。
叶井　ん？　どこ？
中原　……バッティングセンターに行く。
叶井　なんでバッティングセンターなんだよ！
中原　打てないから、全然。
宇川　余命宣告をされてから、バッティングの練習するんだ。
叶井　何のために!?　余命半年って言われてるんだよ。
中原　球を打てたことがないから。
宇川　半年しかないんだよ？
叶井　だって、そんなに行ったことないでしょ？
中原　2回あるよ。だけど1球も打てなかった。
叶井　それが悔しかったんだ。
中原　……。
叶井　バッティングセンターねえ……。

中原 ……。
叶井 ホントにバッティングセンターなの？
宇川 この中原くんの無言の静止映像すごい気になるな。これは中原くん、今、死んだのか、画面が固まってるだけのか、どっちなの？
中原 ……そっちに行きたいよ。
宇川 あ、生きてた。Ｗｉ－Ｆｉの障害でよかった。命拾いした。
叶井 こっちに来たいよな。
宇川 オレらも会って話したいよ。
叶井 それにしてもさ、中原くんはバッティングセンター以外に何かないの？
中原 あるわけないいじゃん。
叶井 他にあるでしょ？　美味しいもの食うとか、そういうのはないの？
中原 そっちに行きたい。
叶井 あ、いっそのこと余命宣告を受けて、こっちで一緒に対談したいと。
宇川 とにかく、中原くんが退院したら3人で会おうよ。
叶井 退院するタイミングでオレが生きてればな。
宇川 うん、生きてれば会おう。でもバッティングセンターには行く気ないでしょ？
叶井 3人でバッティングセンターに行くの？

宇川　聞いてはみたけど、それは嫌だね。
中原　さすがに気持ち悪いよ。
叶井　ヤバいでしょ、3人で打ってたら。
叶井・宇川・中原　ハハハハ！
中原　じゃあ叶井俊太郎の遺骨を持って行くよ。
宇川　遺骨持ってバッティングセンターはヤバいよ！　甲子園の砂を持ってきたと思われるよ。プロ野球選手の夢破れ、しかし、いまだ野球には未練があり、甲子園の砂を持ってきたかと思いきや、友達の骨って。
叶井　お骨を持ってバッターボックスに立つって。そもそもオレとバッティングセンターは関係ないでしょ！　何にも関係ないんで！　とにかく退院したら会おうって言ってんのよ、ＯＫ？
中原　もう病院から出ていいはずなんだけどね、本当は。
叶井　じゃあ出なよ。
中原　いや……足がない。
叶井　片足で歩けるでしょ？
中原　あ、いや、タクシーに乗らなきゃいけないから。
叶井　あ、足って糖尿病で切る足じゃなくて？
宇川　足代の足だよ！　まだ切ってないってさっきから言ってるじゃん（笑）。タクシーとか自転車とか、乗り物がないって意味。
叶井 タクシー代がないの？　じゃあ車で迎えに行ったら、そのまま乗れるの？
中原 そうだよ。車で迎えにきてくれたら乗るよ。
叶井 それは初めて知ったよ。じゃあ今度会おうよ！　ハーシェル・ゴードン・ルイスの番組も、ここに来て出ればいいじゃん。オレらが迎えに行くよ。
宇川 オレがタクシーで迎えに行くよ！
叶井 それはいつやるの？
宇川 ルイスの命日だから8月……違う、9月だ。
叶井 それは……オレが生きてるかわかんねえな。
宇川 生きてたら集まろうよ。
叶井 そうだね。じゃあ、そんな締めで大丈夫ですかね？　中原くん、このまま（通話を）切っちゃっていい？
中原 切っちゃうの？
叶井 もう1時間半もしゃべったからね。
宇川 まだ切りたくない？　今回は電話のことだからね。
中原 今からそっちに行きたいよ。
叶井 9月に会おうよ、オレも行くから。

中原　間に合えばいいけどね。
叶井　連絡して迎えに行くよ。
宇川　本当は外出禁止じゃない？　大丈夫かな？
中原　交渉次第だと思うけど。
叶井　外出したことはある？
中原　ないね。
叶井　じゃあ看護師さんと相談しなきゃね。
中原　今、行っても大丈夫？　今、現地に行っても大丈夫かな？
叶井　さすがに今は連れ出せないでしょ……。まあ連絡するよ。ありがとね！
中原　……。
宇川　切りたくないんだよね。
叶井　じゃあ、中原くん！　じゃあね。
宇川　じゃあね。
中原　うん……じゃあね。
（中原との通話が終了）
宇川　大丈夫かな？　これが最後のお別れの言葉になるとか、絶対に嫌だから。
叶井　それはないでしょ。

宇川 ないよね。

叶井 ありがとね、宇川くん。

宇川 こちらこそありがとう。中原くんの「今すぐ行きたい」という言葉に、結構ビンビン来た。最近、友達からそんなこと言われてなかったから。

叶井 言われないね。

宇川 高校時代の恋愛だったらあったよね。オレらのころはインターネットもないし、家電だから夜中も電話できない。〝今すぐそこに行きたい〟的な感情は、確かに昔はあったけど、今はソーシャルメディアでもずっとつながりっぱなしでさ。特にDOMMUNEというソーシャルストリームを運営している身、世界中から会いたい人が出演してくれる立場になった。会いたいと思わなくても、向こうから来てくれる。そう考えたら今外出禁止されている人から言われた「今すぐ会いたい」という、中原くんの気持ちに心を打たれたよ。今、中原くんはパソコンも自由に使えずに、インターネットもまともにできないような環境に隔離されていて。それでこの言葉が出てくるって、すごく切羽詰まったリアルな感情なんだなってビシバシ伝わってきた。

叶井 だって8カ月間、1回も外出してないわけじゃん。それが今すぐ会いたいっていうね。

宇川 しかも、叶井さんとは彼は10年も会ってないもんね。最後まで電話を切りたくなさそうだったもん。僕が今やってるDOMMUNEというプロジェクトは人生で関係のあった方々を自分の視点で改めて写し出し、残すことなんですよ。「まだあの人の番組もできてないし、この人の番組もできてない」という宿題が山ほどあって。とにかく番組に残さないといけないという使命感に駆られて13年。そのうちの一つが叶井俊太郎さんの番組であり、中原昌也くんの番組なわけです。何より、今、生身の身体同士、付き合いがあった人々の動いているのをアーカイヴとして残したいっていう、そういう強い思いがあって。それが自分なりの芸術表現なのです。だから、今日、２人の動いてる友人の姿を残せて大変幸せです。

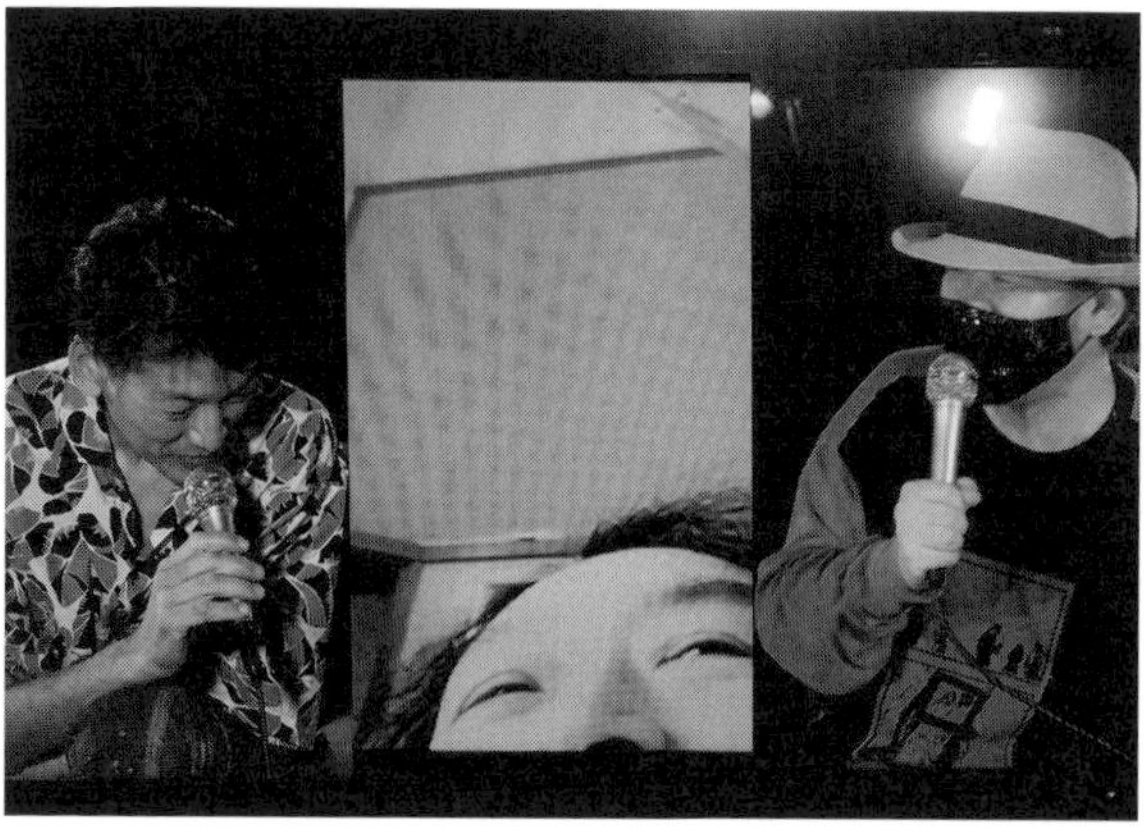

写真／二瓶 綾

宇川直宏（うかわ・なおひろ）

1968年香川県生まれ。現"在"美術家。DOMMUNE主宰。映像作家、グラフィックデザイナー、VJ、文筆家、大学教授など、80年代末より、さまざまな領域で多岐にわたる活動を行う。2001年「Buzz Club: News from Japan」（MoMA PS1・ニューヨーク）、「JAM: Tokyo-London」（Barbican Art Gallery・ロンドン）に参加して以来、国内外の多くの展覧会で作品を発表。2010年には、日本初のライブストリーミングスタジオ兼チャンネル「DOMMUNE」を個人で開局。記録的なビューワー数で国内外にて話題を呼び、2011年文化庁メディア芸術祭推薦作品に選出される。宇川はDOMMUNEスタジオで日々産み出される番組の、撮影行為、配信行為、記録行為を、自らの"現在美術作品"と位置づける。2016年アルスエレクトロニカ（オーストリア／リンツ）のトレインホールにステージ幅500MのサテライトスタジオDOMMUNE LINZ!」を開設、2019年、瀬戸内国際芸術祭にてサテライトスタジオ「DOMMUNE SETOUCHI」を開設。どちらも大きな話題となった他、これまでDOMMUNEは数々の現代美術の国際展に参加し、ロンドン、ドルトムント、ストックホルム、パリ、ムンバイ、リンツ、福島、山口、大阪、香川、金沢、秋田、札幌、佐渡島...と、全世界にサテライトスタジオをつくり、偏在（いま、ここ）と、遍在（いつでも、どこでも）の意味を同時に探求し続けている。10年間に渡って配信した番組は約5000番組／約1万時間／200テラを超え、トータル視聴者数1億人を超える。2019年、リニューアルした渋谷PARCO 9Fにスタジオを移転。「SUPER DOMMUNE」に進化し、5G以降の最前衛テクノロジーと共に未来を見据えたUPDATEを図る。2021年、第71回芸術選奨文部科学大臣賞受賞。

中原昌也（なかはら・まさや）

1970年東京都生まれ。作家、音楽家、映画評論家、アーティスト。88年頃よりMTRやサンプラーを用いて音楽制作を開始。90年、アメリカのインディペンデントレーベルから「暴力温泉芸者=Violent Onsen Geisha」名義でスプリットLPをリリース。国内外で高く評価され、現在は「Hair Stylistics」名義で活動をしている。並行して小説、映画評論も手掛け、2001年に『あらゆる場所に花束が……』（新潮社）で三島由紀夫賞を受賞、08年には『中原昌也　作業日誌 2004→2007』（boid）で第18回Bunkamuraドゥマゴ文学賞を受賞した。2019年には過去作を町田康、高橋源一郎、柴崎友香、曽我部恵一など他作家がリミックスした『虐殺ソングブックremix』（2019年／河出書房新社）がリリースされた。最近作は『人生は驚きに充ちている』（2020年／新潮社）、『2021年フェイスブック生存記録』（2022／boid）など。音楽家としては2022年公開の高橋ヨシキ初監督作品『激怒』の音楽を渡邉琢磨と共に担当した。

［構成］里中高志

●映画評論家

江戸木 純

自身が余命半年と告げられたら——

「何もしないかな。仕事とかもしない。」

江戸木さんも30年くらいの付き合いになるけど、映画の影響をいちばん受けている人。自分自身、業界に入る前から知ってたし、憧れてた江戸木さんと知り合って一緒に仕事をできたっていうのが、よかったよ。映画の仕事を始めてすぐだったからさ。江戸木さんが紹介してくれた作品もいっぱい買ったし、原稿料の未払いで迷惑をかけたこともあったけど、いまだに付き合ってくれている人。まあ、ひと言で言えば自分の師匠だね。

叶井　長い付き合いの江戸木さんと改めて対談というのも変な話なんだけど、オレが病気になって、昔からの知り合いたちと最後にいろいろ話しておこうという企画なので。江戸木さんとは30年くらいの付き合いですよね。

江戸木　そうだね。最初のキッカケは、「マルコポーロ」っていう、95年に廃刊になった雑誌があって、廃刊のきっかけになった「ホロコーストはなかった」という記事を出しちゃった号に、私が書いた「日本で上映できない世界の禁断映画」みたいな記事を見て連絡もらったんだっけ。

叶井　そうそう。

江戸木　「この映画って買い付けできないですか」って。

叶井　『八仙飯店之人肉饅頭』も、『ネクロマンティック』も、その記事に載ってましたね。

江戸木　『ネクロマンティック』なんて死姦映画だからね。そういうヤバい映画ばかりを紹介した記事だった。

叶井　でも江戸木さんのことは、それ以前から知ってましたよ。オレが働いていたアルバトロス・フィルムによく来てたじゃないですか。

江戸木　私もあなたのことは、アルバトロスに面白い若い奴が入ったってウワサで聞いていた。私はその頃海外の映画の買い付けの手伝いとかもしていたので、そこで会ったのかどうか。

叶井　それが93～94年じゃないかな。そのころアルバトロスもビデオ市場に参入したんです。そうすると月にビデオを2本、さらにそのうち月4本出すという話になって、1年に映画を48本買い付けないといけなくなった。

江戸木　自分たちだけではそんなに映画を集められないので、いろんな買い付けエージェントやブローカーみたいな人が関わっていたね。『人肉饅頭』も、もともとはその頃に私が提案したんじゃなかったかな。横浜の中華街にあった香港映画の輸入VHSを売ってる店にポスターが貼ってあったのを見て、VHSを手に入れて見たけど、すごい衝撃作で、権利元を探してアルバトロスに紹介した。あれは相当売れたでしょ。

叶井　本当に大ヒットしたね。

江戸木　その頃の香港って、「三級映画」と呼ばれる成人指定の映画がすごく作られてて、いろんなひどい映画がいっぱいあった。幼女丸焼き事件とか、アルバトロスはそんなのをどんどんビデオで出してたんだよね。

叶井　『人肉饅頭』がTSUTAYAに2～3万本売れて、他にも「人肉」はないのかって言われて、それらしい映画を探して無理やり『人肉天麩羅』とか『人肉竹輪』とか、いろんな映画に『人肉』っていう邦題をつけてね。内容は人肉と関係ないんだけど、『人肉』と付けるだけでバカ回りした。『人肉竹輪』も、別に人肉をチクワにしてるわけではなくて、単に手首を切ったところがチクワに見えるってだけだからね。

江戸木　香港が97年に返還になる直前は、まだ香港ではそういうハードなゲテモノ映画がいっぱい作られていた。中国になったらそういうのは作れなくなるから最後の金儲けをしようってことで、モラル無視の映画がすごい多かった。当時の香港の人としては中国になっちゃうことへの恐れもあったし、才能がハリウッドに流出したり、オーストラリアへ移住したりっていう中で、そういう成人指定の映画が大量に作られていて、それが日本のビデオ市場では案外受けた。

叶井　『人肉饅頭』なんて、子どもをバラバラにするシーンがあるでしょ。当時映倫が幅を利かせてて、あそこをカットしろって言われたんだよ。でもカットしないで東京ファンタスティック映画祭で上映したら、もう満席。1000人くらい来た。

江戸木　『人肉饅頭』は香港でも評価が高いし、アンソニー・ウォンが名優として認められるきっかけになった作品だから、映画史的にも重要な作品なんですよ。アルバトロス・フィルムでは、ほかにも『キラーコンドーム』とか、いろいろチャレンジングな映画をやった。そのあと2人で宣伝を頼まれて組んでやったのが、『呪怨』(03)だよね。これはすごいヒットした。あなたはその後、ファントム・フィルム、トルネード・フィルムと会社を移るけど、付き合いは続いて、私が邦題案やキャッチコピー、ストーリー解説をあなたに頼まれて書いた作品は、１００本じゃきかないよね。

叶井 そうですね。トルネードが破産したときは、江戸木さんのギャラが未払いになって、申し訳ないと思った。２００〜３００万円は未払いになったかな。

江戸木 そこまではなかったんじゃないかと思う。数十万じゃないの？

映画業界的にはあり得ない、ひとり配給会社

江戸木 あなたのいた会社は、アルバトロスの後がファントム・フィルムでそのあとがトルネード・フィルムだよね。なくなっちゃったのはトルネードだけ？

叶井 っていうか、支払いができなくなったんですよ。制作とかやり始めたら、印刷費とか広告費がかさんで、映画も大コケしたりしたから、自転車操業でやっていたのが回らなくなって、破産。

江戸木 トルネードのあとはトランスフォーマーという会社だけど、そこでもそれまでと同じような感じで仕事してたよね。映画事業部があって、『ムカデ人間』(11) が大ヒットした。

叶井 そのあとレスペっていう会社に2年だけ入ったけど、親会社がパチンコ会社で、エンターテイメントと合わなくて、映画事業をやめるっていうから、僕も会社をやめました。そのあとがここ

サイゾーです。

江戸木　サイゾーに入って、最初は『カニバ／パリ人肉事件38年目の真実』(19)っていう映画の解説を頼まれて、その次に『アントラム／史上最も呪われた映画』(20)で権利元を探してよって言われて、そこから権利の買い付けまで手伝うことになった。たまたま知ってる会社だったから、なんとかなった。

叶井　サイゾーに入ってもう今年で5年になりますよ。

江戸木　そんなにたつっけ。相当な数の映画を配給したよね。権利を買うためには、検討する作品がその10倍はあるから、その検討とか交渉とか夜中にやるんで、すごく忙しかった。買い付けが決まったら邦題案やコピー案、解説も書いて。

叶井　結構な本数やったね。毎月1本だから、年間12本はやってます。

江戸木　12本じゃきかないんじゃない？

叶井　サイゾーでは年間20本配給した年もありました。アルバトロス時代は月4本は買ってました。劇場公開じゃなくてストレート（劇場公開しないでレンタルのみで展開すること）が多かったけど、そのくらいの数になるよね。

江戸木　ＤＶＤだけのリリースにしても、パッケージを作ったり、マスコミに見てもらったり、いろんな仕事があるから、月1本から2本出し続けたっていうのは、ちょっと映画業界的にも異常な数字だよね。

叶井　オレがサイゾーに入って思ったのはさ、Z級ホラー映画とかをさ、これまでの会社では10人くらいで手掛けてたわけ。でもサイゾーに入ると、映画事業部はオレ1人しかいなくて、1人でどうにかできた。今までいっぱい人がいて役割分担してたけど、やろうと思ったら1人でできるから、人件費は無駄だったのでは？　と思ったりしました。

江戸木　私は何本かの買い付けの窓口もやってたけど、映画って買い付けて終わりじゃないんで、売上のレポートとかも作らないといけないし、利益が出たら権利元に分配しないといけないし、すごく大変なんですよ。そういうのをあなたは全部1人でやってたから、すごいと思う。

叶井　さらに劇場公開する場合は、1人で公開する映画館を決めて、ポスター作って、精算までするので、普通は社員がやっぱり最低でも5人は必要だと思います。だけど基本的な業務は1人ででてきちゃうってことがサイゾーに入って分かりましたよ。他の社員に発送とか手伝ってもらいましたが。

江戸木　それがいいことなのかどうか分からないけどね。

叶井　でも1人でやっても、映画館も上映してくれてますから。

江戸木　そういう営業って急に行ってもできるもんじゃないんで、ある程度長い経験があって、向こうもあなたの顔を知ってるからできるんだろうね。それに比べると外国とのやりとりは、今やメールだけでやってるから怖いよね。

叶井　海外とのやりとりはメールとＬＩＮＥで全部終わる。

江戸木　昔はそういうわけにはいかなかったよね。

叶井　この10年くらいで、宣伝会議とかしなくなったじゃない。そういう意味ではキャッチコピー決めるのも1人でできちゃうし、なんで今まであんなに人数いたんだろうって思います。

江戸木　ある程度ドカンと大きなヒットを狙う作品はさすがに人数いないとできないけど、それなりの展開なら少人数でもできる時代になってる。素材もメールで送れるし、そういう意味では昔と比べてすごい楽になったよね。

叶井　いずれにしても、オレが死んだらあとのことは頼みます。

江戸木　何言ってんだよ、ずっとやり続けてもらわないと困るから。権利元への報告も続くんだから。

叶井　いや、そこはもうどうしようもないんで。余命半年だって言われたって、去年言ったじゃないですか。まあそのときから1年はもうクリアしましたけどね。

江戸木　こうして話してると全然元気じゃん。

叶井　でもあとどのくらいもつか分かんないすよ。肝臓に転移しちゃったし。

江戸木　映画だって、だいぶ先のブッキングまで決まってるんでしょ？

叶井　一応来年の8月までは劇場が決まってるんですよ。だからそこまでは本当はやんなきゃいけなんだけど、最後まで見届けるのはたぶん難しいかもです。まあ寿命ですよ。人間誰しも死ぬんで。オレは先に死んじゃうんで、あとの権利関係だけよろしくお願いします。

江戸木　いやいや、まだまだいけるでしょ。あなたがいないと世に出せなくなる映画もいっぱいあるから。

叶井　結構出しましたね。

江戸木　昔だったらストレートでビデオでしか見られなかった映画を劇場で公開した功績は大きいよ。スクリーンで見るのはテレビ画面と全然違うんで、BC級の映画でもスクリーンだとそれなりに映えたりするしね。ここのところ、ヒット作もいろいろ出てるじゃない。すごい意義のあることをやったんじゃないか。『キラーカブトガニ』(23)とかさ。あなたじゃなきゃできない。

叶井　ほかの配給会社じゃできなかったかも。

江戸木　最初あなたが入院したってTOCANAの元編集長の角(由紀子)さんから電話がかかってきて、びっくりしたんですよ。それが治ったというから安心してたら、そのあとがんになったって直接電話がかかってきて、なんと言っていいのか分からなかった。

叶井　しょうがないですから。

江戸木　しょうがないっていうか、声も元気だったし、あんまり現実味を感じなかった。どうにかなるかなと思ったら、現にどうにかなってるんで。

叶井　今のところね。

江戸木　さすがだと思いますよ。

叶井　江戸木さんには映画の権利で関わっていることがいっぱいあるから、ちゃんと連絡しておかないと。
江戸木　がんだって言われたのが、一番忙しいときだったたんじゃない？
叶井　そうですね。6月末の忙しい時期だった。急にがんって言われて、しょうがないなって。まったく悲しくなかった。でも映画のスケジュールは来年8月まで決まってるから、オレがいなくなったら、ちょっと困るなと。手伝ってくださいね。
江戸木　やれることはやりますけどね……。
叶井　みんなこだわりすぎなんですよ。オレはまったくこだわりないからさ。パンパンパーンってやっちゃう。
江戸木　それはあなたのいい面でもあり、悪い面でもあるよね。本当はヒットさせた後も、二次利用三次利用できっちり利益を上げる方法もあるんだけど、マンパワー的に今はそこまで手が回ってないんだと思う。
叶井　そういうことだね。
江戸木　初期の頃なんか映画のホームページなんか1年で閉じて、ビデオが出た頃にはなかったりしたじゃない。でも今は、何千何万という作品の中から選んでもらうために、劇場公開が終わった後も認知度を保つようにしていかないとね。昔はレンタルビデオの頭に予告編を入れたりできたんだけど、今は配信が中心だからなかなか難しくなってる。
叶井　今は劇場公開しちゃうとMGが決まっちゃうからね。MGってのはミニマムギャランティーの略で、映画のDVDとテレビの権利のことね。

江戸木　その最低保証の前払いみたいなものね。結局映画ってロイヤリティー、つまり権利料で動いていて、ビデオ化するためには前払いするっていう考え方。

叶井　でもサイゾーが持っているのは劇場公開の窓口だけで、DVDや配信、テレビの地上波の営業はできないから、その3つの権利はほかの業者に売るわけ。

江戸木　厳密にいうと、売るというよりはライセンスする。権利許諾というか、期間を決めて使ってもいいよって認めることね。

叶井　そういうことです。

もし、余命半年を宣告されたら

叶井　これは今回みんなにお聞きしているんですが、江戸木さんが余命半年って言われたら何をしますか?

江戸木　余命半年だったら何もしないかな。仕事とかもしない。

叶井　仕事しないで何すんの。

江戸木　何するか分かんないけど、この30年仕事しかしてないからね。旅行も仕事がらみでしか行ってないし。

叶井　余命半年になったらどっか旅行行くとかそういうこと？　でも実際そうなったら、まずしないでしょ。

江戸木　したいなと思うよ。余命半年になったら仕事やり続けなきゃいけない動機もないから。でもそうは言いつつ、やっぱり仕事するかもしれないけどね。案外そこが元気の源かもしれないからさ。結局あと半年の命って言われたって、半年後じゃ映画館だってもう埋まっててこれから好きな映画をかけられるわけでもないしね。だから何がやりたいかを考えず時間も含めて半年いるかもしれないけど。でもあなたを見てると、余命半年と言われても、半年たっても生きてるけどね。

叶井　じゃあ半年って言われたらもう仕事しないんですか？

江戸木　実際にはしないわけにもいかないんだけどさ。しかけてる途中の仕事がいっぱいあるだろうから。権利抱えている映画が常時10本じゃきかないからね。自分で権利持ってるものとか、永久に持ってるものとかもあるから、それをどうするか決めるだけで半年終わっちゃう。

叶井　じゃあ結局仕事するんじゃない。やっぱ仕事だよね。何もしないってわけにいかないよね。

江戸木　したくないんだけど、せざるを得ないんじゃない？

叶井　だよね。

江戸木　だって権利を持ってる人が死んだからって、映画の権利は切れないんだから、そこのところをちゃんとしておかないと。

叶井　自分が死んだあとの引き継ぎをね。

江戸木　そう。例えば僕の会社のエデンが権利をサブライセンスしたものに関しては、もしエデンっていう会社がなくなったら契約がなくなっちゃうから、そうなる前にいろいろ処理しなきゃいけない。そういうことをしてたら半年はかかるね。

叶井　でしょ。結局半年仕事で終わっちゃうじゃない。

江戸木　終わっちゃう。

叶井　余命半年って言われてもさ、結局困ったなとか言いながら、前倒しで仕事するしかないんだよね。

江戸木　実際にはそういうことは考えたくもないけど、考えないといけない年齢になってるよね。実は50代とか60代になると、映画のプロデューサーとか権利者でも突然亡くなる人も多くて、権利がどうなっちゃったか分からなくなる作品も案外ある。でもいつの間にか亡くなっている人が多い中、あなたのように前もって予告している人は珍しい。

叶井　まあ余命宣告を受けて、日常働いている人ってあんまいないんだよね。

江戸木　そういう意味では我々はいままさに奇跡を目撃している。うちも両親をがんで亡くしてるけど、叶井の感じはうちの両親とはまったく違うからね。これはすごいことだと思うよ。映画にしたいくらい。今、夜とか何時まで起きてんの？

叶井　普通に夜中の1時とか2時まで起きてます。

江戸木　夜中にメール来るもんね。疲れるとかないの？

叶井　まったくないね。

江戸木　それはすごいですよ。

叶井　でも20キロ以上痩せて胃も半分切ったから、前よりは疲れやすくなってると思うよ。

江戸木　でも痩せたと言っても見た目としてはそれほどでもないよね。見たら元気じゃんって思う。

「カナイ映画」というジャンルを歴史に残した

叶井　でもさ、江戸木さんには本当に迷惑かけたよね、ギャラの件とかさ。

江戸木　そのときは「えっ」て思ったけど、「後でもっと払いますから」って言って、実際にその通りにしてくれましたから。最終的には今までの付き合いで、マイナスを何倍にもして返してくれてます。有言実行で、仕事の処理もすごくしっかりしてるから、さすがだと思うよ。

叶井　適当だけどちゃんとやってたってことだよね。

江戸木　破産したときは「お金もうないから払えません」っていうんで、「何言ってんだよおまえ」

って言ったけど。

叶井　次の会社でちょっと原稿料を上乗せして払ったよね。

江戸木　そうそう。処理が早いし、納期もしっかりチェックするから、プロデュース能力はすごいと思うんだよね。原稿依頼するのでも締め切りのときに、ちゃんと連絡来るからね。

叶井　「今日締め切りですよ」って電話とメールでダブルでするからね。

江戸木　がんになった今でも病院からもそれをやってくるから。

叶井　末期がん患者が締め切りを催促するって、あんまりないですよね。

江戸木　さすがにスルーできない。

叶井　基本的には今までよくこれだけやったなっていう気がするね。

江戸木　30年間、よく毎月映画をリリースしたよね。いろんな会社と仕事してきたけど、叶井俊太郎との仕事がたぶん一番多いですよ。

叶井　数的に言ったらそうかもね。

江戸木　もう思い出せないのとかも含めたら数え切れないもんね。『ムカデ人間』ひとつやるのでも、コピーを出すのに10個20個案を出すんですよ。だからやってきた仕事量といったら大変なものだと思う。

叶井　すごい数だよね。

江戸木　ほかの会社とも仕事をするけど、今、普通の会社ではそんなにハードなコピーって出せないんですよ。でもあなたの場合は、「それ、やり過ぎでは？」っていうヤバいコピーを、もっとハードにって押してくるからね。映画ってさ、合議制で会議で売り方を話し合うより、センスある人が独裁的に1人で決めたもののほうが面白いんだよね。

叶井　まあね。

江戸木　会議で邦題どうしようって、2時間話し合って決めた映画なんか絶対ヒットしない。公開しても1カ月後にはみんな忘れてるっていうのが多いね。

叶井　そうだね。

江戸木　これだけ徹底的にカナイイズムで送り出し続けて、当たった映画もあるけど、信じられないくらいコケた映画もあるよね。

叶井　いっぱいありますよ。

江戸木　でも本当に差し引きしたら、日本の映画の興行歴史に、カナイ映画っていうのがひとつのジャンルとして残るんじゃないかっていうくらいの功績がありますよ。普通なら世に出なかった映画をストレートじゃなくて劇場公開するってことは、キネ旬（「キネマ旬報」）の公開リストにも残るし、ちゃんと歴史になるんですよ。それがこれだけあるっていうのは、なかなかのことをやったんだよ。

叶井　だからこの世に未練がないんですよ。十分生きた。

江戸木　もっと生きれば、まだいろいろできるよ。

叶井　だから来年8月まで仕事があるんですよ。いま前倒しして来年春くらいの仕事をしている。死んじゃうから、今のうちにやっとけと。

江戸木　劇場公開するときにはさ、初日舞台挨拶で叶井の一言ってのがあったら、みんな見に来ると思うんですよ。死にそうだけど宣伝しますって言ったら。

叶井　まだ生きてますみたいな。それはそれで面白いね。死ぬまで働きますよ。

江戸木　死んでもやってほしいよ。イタコとか使って。

写真／宇佐美 亮

江戸木 純（えどき・じゅん）

1962年生まれ。映画評論家、プロデューサー。配給会社エデン代表。『ムトゥ　踊るマハラジャ』、『ロッタちゃん　はじめてのおつかい』（00）などを日本に紹介。『王様の漢方』（02）、『丹下左膳・百万両の壺』（04）では製作、脚本も手掛けた。『死霊の盆踊り』（87）から『バーフバリ王の凱旋』（17）、『デスNS』（23）など、ビデオバブル期から現在まで、付けた邦題&キャッチコピーは数百本。著書に『地獄のシネバトル』『世界ブルース・リー宣言』（共に洋泉社）、共著に『映画突破伝』『バッド・ムービー・アミーゴスの日本映画最終戦争』（共に洋泉社）などがある。「週刊現代」（講談社）「JAIHO」などに執筆中。

twitter.com/EdokiJun

エンドロール！ 9

［構成］佐藤彰純

●映画監督

河崎 実

自身が余命半年と告げられたら——

「結局、どうせいつか死ぬんだと思うしかないんだよね。」

河崎監督のダメ映画・バカ映画って、オレはあんまり興味ないんだけど（笑）、キャラが面白いから彼の映画の配給宣伝は今後も続けていきたい。『いかレスラー』だって、初対面でいきなり企画書出してこられてさ。オレは河崎さんのこと知らなかったけど、すぐ「やりましょう」って言ったよ。この人の映画はタイトルが面白いじゃない。河崎監督とオレの2人じゃなきゃ成立してない作品って多いと思う。ホントによくやったよね。

叶井　河崎さんとも、あんまりこうやって話す機会はないじゃないですか。末期がんになってね、改めて話せたらなと。

河崎　がんになって、こんなに明るい人は初めて見たよ、ははは。いろいろ考えたけど、オレも還暦超えてるからさ。

叶井　ほぼ10歳上だよね。

河崎　9個上だよね。いつか言ったじゃん、人間てのはさ、全員余命90年のがん患者なんだって。オレだって、いつか死ぬしさ。

叶井　まあ、誰でも死ぬからね。

河崎　そうなんだよ。

叶井　だから、オレはたまたま寿命が早まっただけなんだよ。

河崎　まあ、そう軽く言うなって。

出会いのきっかけは『えびボクサー』

河崎　あなたがやった『えびボクサー』(03) が当たったじゃん、アルバトロスの配給で。あのときオレが電話して会ったのが、初対面でさ。

叶井　そうそう、覚えてるもん。四谷かどっかの喫茶店で会った。それで、河崎さんが「日本版の『えびボクサー』を作りたい」とか言って。

河崎　オレは『キラーコンドーム』も見てたし、月9の『東京ラブ・シネマ』っていう、江口洋介主演のドラマで、『えびボクサー』を当てた男として出てきたわけ、あなたが。

叶井　出てきました。

河崎　こいつ面白いな、と思って。『えびボクサー』ってタイトルにピンと来てさ、どうせインチキな映画だろうなと思って見たら、本当にインチキだったんで。

叶井　適当な映画だったよね。

河崎　それで『えびボクサー』がアリなら『いかレスラー』(04) はどうだ？　って言ったら、すぐ「やりましょう」って。

叶井　あははは。

河崎　そんな人いないよ。

叶井　やりましょうって、すぐ。初対面でしたもんね。

河崎　オレは本気だったけど、この人がすごいのは、そのあと博報堂とかＩＭＡＧＩＣＡとか、テレビ大阪行って、ちゃんと出資を決めてきてさ。

叶井　エイベックスとかね。あちこち合わせて一気に３０００万円集まったから。

河崎　それを決めてきてくれた。だから、恩人ですよ、恩人。

叶井　あれはすごかったですね。やっぱり、『いかレスラー』っていうタイトルですよ。タイトルだけで、もう各社いくら出せますかって話になって、ローソンとかも出してくれた。ローソンと博報堂とエイベックスは当時、１０００万円単位で出してくれたよね。なんなんですか、あれ。今だったら考えられなくないですか？

河崎　何って、あなたがやったんじゃない。分かんないよ、もう。

叶井　なんとなく覚えてるのは、ローソンに行ったときは、おじさんたちがいっぱいいたのよ。10人くらいで会議してさ、オレが1人で行って、「あのー『いかレスラー』っていう映画に、出資をお願いしたいんです」って、ホワイドボードにいろいろ書いてさ、おじさんたちが「ふんふんふん」って聞いてるの。「いかがレスラーになります」とか言って。

河崎　それだけだもんね。

叶井　で、「タコも出ます」って。

河崎 あとシャコね。

叶井 そう。「タコとシャコが出ます」って。

河崎 あははは、寿司屋じゃねえんだから。

叶井 そしたら、おじさんたちが喜んでさ。「タコもシャコも出るんですか!」って。それで金を出してくれるんだから。

河崎 だから、あなたの勢いでしょう。

叶井 勢いですかね。そうだ、あれ覚えてます? 『いかレスラー』とか『コアラ課長』(06)とか『ヅラ刑事』(06)やったときに、ローソンが1万店舗とかあるわけじゃないですか。で、出資してるからプロモーション協力したいって話があって。

河崎 あったね。

叶井 全国のローソンで、のぼり作ったんだよね。北海道から沖縄まで、お店の前に「シネセゾン渋谷にてロードショー」って書いてある。

河崎 あははは。

叶井 地方の人、知らないから、渋谷なんて。

河崎 しかもレイトショーだもんね。とにかく当時はみんな勢いで出資してたから。新しいコンテンツを求めてね。

叶井 別に映画はコケてもよかったもんね。

河崎　よくはないけどさ。
叶井　よくはないけど、続けざまに出資してくれたじゃん。
河崎　『いかレスラー』『コアラ課長』『ヅラ刑事』『ギララの逆襲』（08）とか。あと『日本以外全部沈没』だ。あれがいちばん当たったじゃない。
叶井　興収が6000万円くらいいった。
河崎　大入り袋が出ちゃってね。

叶井俊太郎のプロモーション術とは

河崎　『いかレスラー』で海外の映画祭に行ったじゃん。モントリオールのファンタジアとか、ハワイとかさ。
叶井　あれは、なんなんですか。ハワイ映画祭。
河崎　招待だよ。一緒に行ったじゃん。
叶井　ルイ・ヴィトンが主催してるんですよね。ルイ・ヴィトンプレゼンツの映画祭に、河崎さんの映画が選ばれるって、当時のヴィトンもやばくないですか？

河崎　あははは。あのさ、ルコントっているでしょ。
叶井　パトリス・ルコント。
河崎　コメントもらったんだよね。あと、『CUBE』(98)の……。
叶井　ビンチェンゾ・ナタリ？
河崎　そう。いっぱいもらったんだよ。『いかレスラー』の推薦コメント。
叶井　『いかレスラー』の推薦コメントを？　『CUBE』の監督とか、パトリス・ルコントに？　もらったの？
河崎　もらったろ。覚えてないの？
叶井　あー、そういえば、もらった。なんであんな海外の偉い人たちがくれたんだろう。
河崎　あなたがやったんでしょ。
叶井　依頼のメール送りまくったんだっけ。そうだ、やりました。
河崎　クロックに聞いてさ。
叶井　そう。クロックワークスの人にメールアドレス聞いて、送りました。それで、コメントが来ました。
河崎　そうだよ、すぐ忘れるんだから。
叶井　思い出しました。
河崎　だから、そういうのが面白いじゃないですか。面白いことといっぱいやったじゃない。

叶井　面白かったよね。
河崎　あと、『ヅラ刑事』のとき。モト冬樹が武器としてヅラを投げるっていう映画。でもさ、スポンサーとかと会議やってるとさ、ヅラの人いるじゃない、必ず。
叶井　あれはやばかったよね。
河崎　調子に乗ってさ、各劇場で「ヅラ割り引き」やったりとか。
叶井　ヅラの人は、ヅラをもぎりで見せたらタダっていうね。
河崎　そしたら、2人いたんでしょ？
叶井　そう、2人は名乗り出たんだけど。別の日でさ、パルコ行ったときに『ヅラ刑事』の前売り買ってる人がいて、その人がどう見てもヅラなの。「あなたはタダだから前売り買わなくていいですよ」って言いたかったもん。
河崎　ははははは。
叶井　言えなかったねぇー。
河崎　『日本以外全部沈没』もさ、本当は『日本沈没』(06)と同時公開したかったんだけど、1カ月ずらしたじゃない。
叶井　各劇場から言われたよ、オレも。
河崎　でも、バカ当たりしたじゃんね。
叶井　『日本沈没』の東宝に目を付けられて、オレもそれを逆手に取ろうと思って、東宝に電話したんですよ。バーターでさ、『日本以外全部沈没』のチケットを持って『日本沈没』を見に行ったら、半額にします。で、『日本沈没』を見た人が『日本以外全部沈没』に来たら、タダで入れますって。そういうのやりませんか? って。

河崎 そうだ、言ってた。

叶井 東宝は「言っている意味は分かりますけど、その手には乗りません」て。

河崎 あはははは。

叶井 「叶井さんですよね」って言われてさ。

河崎 でも、DVDはこっちが先に出しちゃったじゃない。あれ笑ったよね、正月にDVD出しちゃって、みんなが年始にTSUTAYAで借りてたの。

叶井 レンタルすごい回りましたよね。

河崎 店員がさ、客みんなに「『日本以外全部沈没』ですけど、よろしいですか?」って聞いてたという。

叶井 確認しないと、『日本沈没』と間違えちゃうから。

河崎 そうそう。

叶井 公開時期を合わせたのも、間違えて入るんじゃないかって。

河崎 オレ、パロディの人じゃん。基本的にね、割り切ってやってるからさ。

叶井 それがすごいよ。

河崎　便乗の人だから。

叶井　いやでも本当に、04年くらいに出会って、何も変わってないよね。もう20年くらいたったわけじゃないですか。

河崎　まあね。

叶井　20年前と仕事の方向性が全然変わってないって、ものすごいですよ、マジで。ずっと同じことをやってきてる、できてる人ってあんまいないんですよ、だいたいみんな60前後で変わってっちゃう。

河崎　偉くなっちゃって、大人しくなるもんね。

叶井　だから、お願いしますよ、次もね、一緒にやろうよ。

河崎　年末に1本、『電エースカオス』やるけど、その次は来年だからさ。

叶井　来年の映画、企画だけでも早く出してよ。オレもう死んじゃうからさ。

河崎実の映画と死生観

河崎　人間はね、哲学めいたことになるけど、言葉で生きてるんじゃないかって。

叶井 言葉。

河崎 プラス思考。結局病気ってさ、「病い」の「気」って書くじゃない。がんになってもう死ぬなんて言ったら、もう死んじゃうよね。あっという間に。オレの親父ね、昨年末に亡くなっちゃったんだよ。98だよ。

叶井 すげえ生きたね。

河崎 どうかしてるでしょ。長く生きりゃいいってもんじゃないけど、結局、言葉が身体を作ってるから。これが悪くなるって言われたら、どんどん悪くなっちゃうじゃない。だから絶対その、宇宙に守られてるんだって。丹波哲郎じゃないけどさ。そういうことじゃないかって思うよ。

叶井 まあね。

河崎 もともとオレの好きなウルトラマンってのが、死んだところから出てきたヒーローですから。僕の作品は、『いかレスラー』だって1回死んでてさ、そういう1回死んだ男が蘇るっていうのが重要なテーマなんだよね。だけど、オレの映画って結局おバカ映画だからさ、あんまり深刻にそういうことを言うとね、よくない。

叶井 死生観は出ないよね。

河崎 出ないよ。オレがいちばん好きなのは『若大将』シリーズ（61〜81）だから、加山雄三の。あとクレイジーキャッツとかさ、あっちのほうの人なんで、ポジティブシンキングで乗り切ろうっていう感じのスタンスがあるの。死生観とか、映画を見て学ぼうっていう気は一切ないですからね。

そうでしょ？

叶井　うん、ない。じゃあさ、河崎さんだったらどうする？　余命宣告で、あと半年ですって言われたら。

河崎　うーん、がんとかになるとさ、オレだったらすごい落ち込むと思うんだけど、結局、どうせいつか死ぬんだと思うしかないんだよね。だからさ、やっぱりあなたと同じで、いつも通りいくしかないよね。いつも通りいくしか。いいことしか思ってないから、オレ。楽しいことだけ。20年くらい前に一緒に行ったハワイでもさ、楽しかったじゃん、UFO見に行ったりさ。

叶井　行きましたね。

河崎　そういう、くだらないね、楽しいことをずっと考えてるんだよ。『ギララの逆襲』なんてさ、知ってる？　あの後、モスクワ現代美術館が上映したんだぜ？

叶井　え？

河崎　今、戦争してるロシアのあそこでさ、『ギララ』を上映させてくれって言って、18年にオレ、リモートでイベントに出てたんだから。

叶井　由緒正しいところでしょ？

河崎　そうだよ。オレがリモートで「いや、どうも」なんて言ってさ、「この映画は素晴らしいです」なんて。

叶井　あはははは、狂ってるよ。

河崎 だからさ、オレの人生の中でさ、あなたと出会って、海外映画祭行ってさ、ヴェネツィア映画祭も行ってるから、オレ。

叶井 なんだっけ、何で行ったんだっけ。

河崎 『ギララ』だよ。（ビート）たけしさんと行ったじゃん、ヴェネツィアに。

叶井 そうだ、たけしさんも一緒に行ってね。

河崎 ついでに行ったんだよ、オレも。でもインチキじゃない、たけしが『ギララ』に出るなんてさ。

叶井 まあ、そうですよね。

河崎 あのとき、オフィス北野の森さんっていたじゃん。ヴェネツィアでオレ1人でいたらさ、森さんが歩いてくるんだよ。たけし映画の大プロデューサーだよ。で、たけしさんを出したのも、オレけっこう強引に出したからさ。

叶井 無理やりだったよね。

河崎 オフィス北野のナンバーツーの人を口説いて、やったわけじゃん。だから、森社長も仕方なく、OKを出したんでしょ。そのとき、森さん歩いてきてさ、オレは「どうもこのたびは、いろいろすみませんでした」って言ったらさ、森さん、スーッと無言で去っていくんだよ。

叶井 あはははは。

河崎 オレのこと知ってんだぜ。無視ですよ。あれはあれで面白かったけどさ。そういうの、楽しいじゃん。またやろうよって話ですよ。楽しいことを思い浮かべて、また絶対ね。生きてる以上はやれるよ。あと3年くらいは生きるから。

叶井　いや、そんな生きないよ。もう死ぬって言われちゃったら、早く終わらせたいって気持ちもあるよね。

河崎　いやー、オレは余命宣告されても早く終わらせたいとは思わないよ。生きさせてもらえる限り、楽しく生きたい。

叶井　あ、そう？　オレはもう、あんまりズルズルいっても苦しいのとか痛いのとか嫌だからさ。

河崎　だって、今痛くないんでしょ。寛解だっけ、なった人もいっぱいいるじゃない。

叶井　多少は延命できるんだよね。いずれ死んじゃいますけど、今の膵臓がんの状態だと5年生存率が6％っていうし、それをある程度は期待してるけど、あきらめだよね。まあ。

河崎　抗がん剤とかやってないんでしょ。

叶井　やってない。抗がん剤やって、毛が抜けて痩せてヨボヨボになるのは嫌だもん。そうは絶対なりたくないなって。

河崎　ははは。

叶井　無理でしょ。

河崎　あなたはスタイリッシュな人だもんね。まあ大丈夫だよ、この顔見てると。

河崎実から見た、叶井俊太郎

河崎　そう言えばさ、朝9時に会社来るよね。

叶井　そうね、今は10時だけど、あのころは8時とか9時にね。なんで知ってんの、そんなの。

河崎　だって早くにメールくるじゃん。普通のプロデューサーとか遅いんだよね。すぐ返事来ないし、朝も遅いし。

叶井　ぜんぜん来ないよね。

河崎　11時とか。

叶井　次の日とか。

河崎　そこがやっぱりさ、すごい信用できるよね。

叶井　パパパッとやる。

河崎　あと、電話するじゃん、すぐ。

叶井　するする。

河崎　電話するやついないよ、今どき。

叶井　確かにいないかも。全部メールだけどさ、オレなんてメールして、さらに電話するもん。昔からそうなんだよ。メールだと伝わらないからさ。

河崎　そこがいいよね、あなたは。けっこう真面目なんだよ。やってることはいいかげんだけどね、仕事には真面目。だから信用できる。

叶井　それは映画館にも言われたことあるな。朝ちゃんと来てるっていうのは。映画館って朝早いからね。

河崎　あとさ、あなたは細かいこと言わないもんね。仕事するとき、映画作るときにさ、この女出してくれとか、脚本こうしてくれとかさ、一切言わないもん。

叶井　言わないね。

河崎　はっはっは。下手したら出来上がった映画も見てないもんね。

叶井　さすがに見てるから！

河崎　脚本も読んでないもん。そういう人はね、無責任というんじゃなくて、だいたい天才の人はそうなんですよ。テリー伊藤さんも、昔オレのバカ映画にお金出してくれたんだけど。あと、実相寺昭雄監督ね。ああいう人たちは何も言わない。すごいと思うよね。小モノほどなんか言うじゃん。会議ばっかりしてさ。天才は細かいことをさ、一切言わないもん。そこがいいよね。一緒に飲んでても、がんばろうとか、そういうことも言わないし。

叶井　ははは。

河崎　酒飲めないしね。

叶井 酒、飲まないですね。
河崎 いかにくだらないことをやるかってことに終始しててね、稀有な人ですよ。
叶井 うん、会議とかしないよね。まったくしない。
河崎 ちゃんとした監督たちとも対談するの？ 今回の本で。
叶井 ちゃんとした人？
河崎 清水崇監督とか、豊島圭介監督とか。
叶井 はい。来週会います。
河崎 あの人たちとも付き合いあるもんね。ちゃんとした監督とも。
叶井 付き合いありますよ。でも『いかレスラー』がいちばん印象に残ってるかな。
河崎 だって今回の対談の企画書がメール来てさ、あなたのプロフィールにさ、担当作品に『いかレスラー』と『日本以外全部沈没』って書いてあって、どっちもオレの映画じゃねえかって。
叶井 そうです。
河崎 ほかにもいろいろやってんじゃねえかって。
叶井 いろいろやってますけどね、分かりやすいのはそっちのほうだし、面白いじゃないですか。
河崎 オレが死んだときにもね、代表作としてその2本が出ると思うんだよ。
叶井 『いかレスラー』は出てくるんじゃないですか。河崎実監督って言ったら『いかレスラー』だもん。

河崎　いまだにそうなんだよね。
叶井　その路線をずっとやってるのが、すごいなって。
河崎　ずっとそうやって、笑っていけるかっていうね。ありがたいけどさ。
叶井　死ぬまで続けるって決めてるんだよね。
河崎　そうですね。続けないとダメでしょ。

河崎実に明かす、叶井俊太郎の未練

河崎　ところで、もう未練はないの？
叶井　未練、うーん。死んだ後に、連載中のマンガが読めなくなるっていうのがね。
河崎　何読んでるの？
叶井　いろいろ読んでるよ。
河崎　『チェンソーマン』とか？
叶井　そう、そういうのも含めて、続きが読めないじゃん。だからマンガ家の人にラストを聞きたいよね、死ぬ前に。

河崎 結局そういう、コンテンツのことになっちゃうんだ。娘とか気になるんじゃないの？
叶井 まったく気にならないね。全然大丈夫だと思う。
河崎 でも、生きてればやるでしょ？
叶井 やんないですね。もう中2だし、あんまり一緒にいないよね。
河崎 ……そうじゃなくて、コンテンツだよ。あと10年くらい生きてさ、また映画もやってくれって話ですよ。
叶井 映画は全然やりますよ。
河崎 やるでしょ、生きてる以上は。
叶井 やるやる。来年の夏くらいまで配給や宣伝をする映画が決まってるし、死んだ後もやらなきゃいけない。
河崎 オレの映画は、叶井がいなくなっちゃうと大変困るんでね。
叶井 だから、生きてる間に出してくださいよ。
河崎 まあでも、オレだって明日死ぬかもしれないんだよな。車にひかれて。
叶井 まあ、そうそう。人間誰しも寿命はあるから。
河崎 寝て起きてさ、今日生きてるってのに感謝してるけどね。楽しいことばっか、いつも思ってるんだよ、オレは。メンタルだよ。死んだらどうなるとか、考えることあるけどさ、楽しいこと思い浮かべてさ、忘れちゃうんだよ、オレなんか。

叶井　河崎さんは、このままやってくださいよ。このままやってください、しかないですよ。12月の『電エースカオス』が遺作になってもいいようにしたいんで、エンドロールに「叶井俊太郎に捧げる」って入れてください。

河崎　まさに今作ってるんだよ。9月にできるから、それはちょっと早いんじゃない？

叶井　入れてたら面白いよね。まだ生きてんじゃんって。

河崎　でも宣伝プロデューサーで名前入れとこうか。

叶井　入れといてよ。オレが死んだら、ちょっとは宣伝になるかもしれないからさ。そんな感じでいいですよ。

河崎　オレのほうからはね、叶井俊太郎は人生の大恩人なんで、感謝しかないけど、まだまだ早いんでね。死ぬまで生きるしかないという。

叶井　だから、早く来年の映画をくださいって。

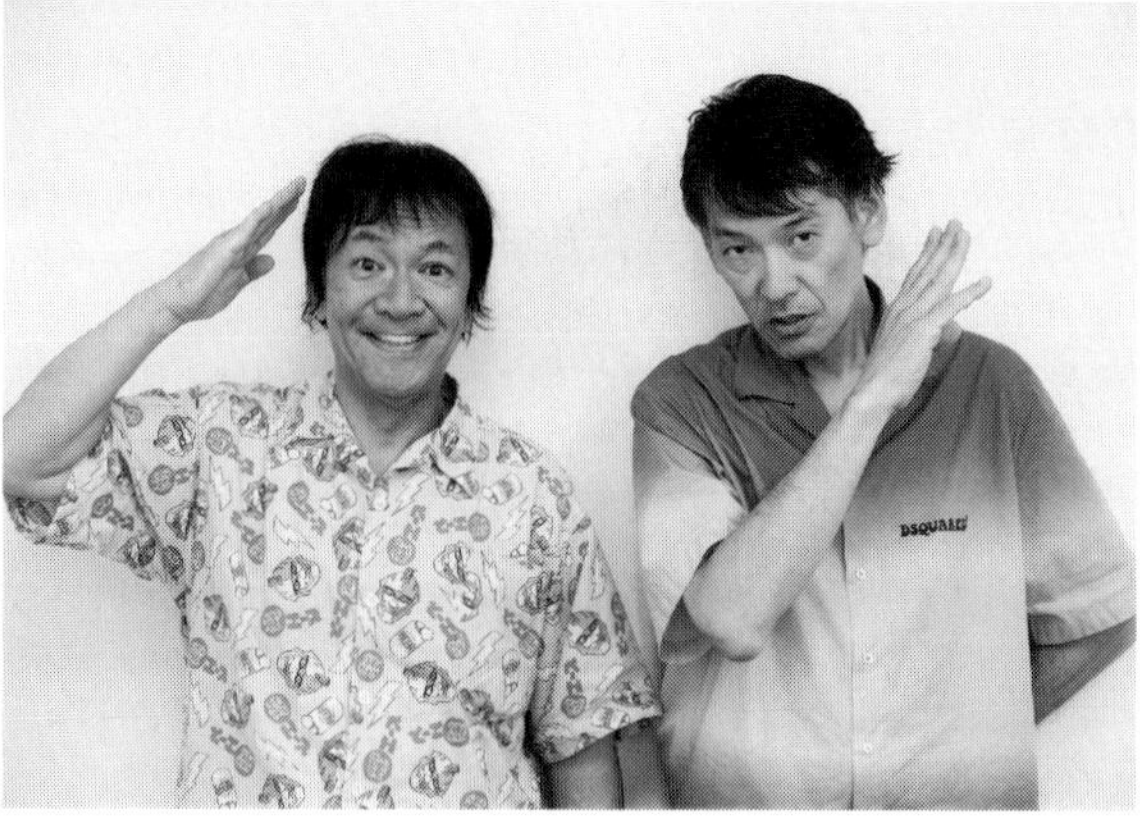

写真／石田 寛

河崎 実（かわさき・みのる）

1958年8月15日生まれ、東京都原宿出身。明治大学在学中から特撮8ミリ映画を製作。卒業後CMプロデューサーを経て森田健作の復活のプロデュースを機にフリーとなり「地球防衛少女イコちゃん」（87）でプロデビュー。テレビは「世にも奇妙な物語」などを数多く手がける。円谷プロでは「ウルトラマンティガ」（96）の脚本を1本執筆。Vシネマ「まいっちんぐマチコ先生」（03〜05）シリーズは大ヒット。映画『いかレスラー』『コアラ課長』『かにゴールキーパー』（06）の不条理どうぶつシリーズで各国の映画祭に数多く招待される。筒井康隆原作の『日本以外全部沈没』は第16回東京スポーツ映画大賞特別作品賞を受賞。2008年は松竹で怪獣映画『ギララの逆襲洞爺湖サミット危機一発』が公開。ヴェネチア国際映画祭に公式招待という快挙を成し遂げた。2009年は日本映画批評家大賞の特別敢闘賞を受賞。ほかにモト冬樹主演『ヅラ刑事』、『猫ラーメン大将』（08）、『髪がかり』（08）、AKB48メンバー主演の『地球防衛ガールズP9』（11）、壇蜜主演の『地球防衛未亡人』（14）、『アウターマン』（15）、TV『怪獣酒場カンパーイ！』（15）、『大怪獣モノ』（16）、『ロバマン』（19）、『三大怪獣グルメ』（20）、『メグ・ライオン』（20）、『遊星王子2021』（21）『タヌキ社長』（22）『超伝合体ゴッドヒコザ』（22）『突撃!隣のUFO』（23）など。日本一のバカ映画の巨匠と呼ばれている。

エンドロール！10

［構成］ヒナタカ

清水 崇

●映画監督

自身が余命半年と告げられたら――

「家族に迷惑がかからないように、何をしておくかを考えるかなあ。」

初めて邦画の宣伝を手掛けたのが、清水監督の『呪怨』なわけですよ。これが当たったっていうね、ラッキーなこともあったので、清水監督とは、かなり濃密な2〜3年を過ごしたよね。そこから切れずに、今も付き合いがあるから、当時のことも含めて久しぶりに話したいと思ってさ。あんまりプライベートな話や、振り返りもしたことがなかったし、がんになったことで、こうして会えてよかったよ。いい機会だったと思うよ、ホントに。

叶井 『ミンナのウタ』(23)はまだ見ていないけど、面白そうだよね。正直、ひとつ前の『忌怪島/きかいじま』(23)は意味が分かんなくて、難しいっていうか話が〝狙いすぎ〟だろって思っちゃった。

清水 『ミンナのウタ』のほうがシンプルだし、叶井さんはたぶん好きだと思いますよ。

叶井 あなたの映画、一応はぜんぶ見ているからね。それはともかく、今までいろいろな大物のプロデューサーと仕事してきてさ、大変な目に遭ってきたよね。

清水 遭ってる、遭ってる。天国と地獄、恩義と怨恨の両方を味合わせてくれてる方もいれば、未払い/蔵入りのまま、逃亡したり、既に亡くなってしまった方もいますし。僕が普通のサラリーマンだったらとっくに首くくってますよ……(苦笑)。でも、こちらも無理をさせないようにしてきたつもりでも、大変な目に遭わせてしまっている面もあるかもしれないしね。かつてブイブイ言わせたプロデューサーで、余命を宣告されている、今の叶井さんを前にして話すことではないけれど。

叶井　いいんだよ全然、もう最後だからさ。あなたと出会ってもう20年くらいたっているよね。

清水　確か『呪怨』の劇場版1作目から、叶井さんは絡んでくれたよね。

叶井　オリジナルビデオ版『呪怨』(00)がすごく面白くて、オレはブログか何かで「こんなに面白いホラーはない」って絶賛したんだよ。それを読んだプロデューサーの一瀬(隆重)さんから「清水監督と会う?」と連絡をもらって。後の劇場版『呪怨』に宣伝協力みたいな感じで、途中から入れてもらった。でも、『呪怨』に関わった人って、今は映画界からいなくなっちゃった人も多いよね。

清水　そんなふうに言わないでよ、縁起悪いから！　というか、ぜんぜんそんなことないですよ。『呪怨』関係で結婚した人だっていますから。例えば、伽椰子役の藤貴子さんは、ハリウッド版の『THE JUON/呪怨』(05)に出演した縁から、スタッフさんと結婚しているんですよ。他にも、そのときの通訳の方とか、日本で出会いがあったアメリカ人キャスト同士やスタッフとか、おめでたいことはけっこうあったのに、ホラーだとそういうポジティブな出来事は記事にならないんですよね。

叶井　やっぱり、スキャンダルばかりが取り上げられるんだよね。

清水　藤貴子さんは、前の方と円満に離婚したはずなのに、離婚のときだけ「『呪怨』の呪いか！」という小さな記事が出たんです。それを見た僕が、新聞記者を問い詰めてやろうかって連絡したら、藤さん本人から「あ、あれは私が許可を出したの、映画の宣伝になるなら」って返された。

叶井　ネガティブ要素なのに。でも、確かに『呪怨』の宣伝は、呪いに乗っかったんだよな。オレも、撮影中に本当に幽霊が映ったというウソ記事を作って、スポーツ新聞や女性週刊誌にドカーンと出したんだから。

清水　あれは勘弁してほしかったなぁ。ウソはやめてって、あれほど頼んだのに……。

「死ね」と言われても、叶井俊太郎は笑い続ける

叶井　あと、劇場版『呪怨2』(03)の時はさらに、いろいろ面倒事があって面白かったよねえ。

清水　劇場版『呪怨』のときの流れで『呪怨2』でも「ハウススタジオの呪い」なんて記事を出して。

叶井　その記事を見た地元の暴走族が、その家を特定しちゃって、夜中に来ちゃったりしていたよね。

清水　今で言う聖地巡礼みたいなね……。そのせいで、オレまで怖い連中から電話がかかってきたのもヤバかったですね。毎日、脅され追われて散々だったんだから！

叶井　そのハウススタジオの持ち主ね。地元の暴走族が来て壁に落書きとかしていくわ、呪い扱い

されて借り手もいなくなるわ、で怒っちゃって。電話を受けた会社のスタッフから「怖そうな人です。叶井さん、どうしましょう」と言われて、電話に出たらいきなり「グワーッ!」って怒鳴ってて、ものすごい勢いでしたよ。「どうすんだこの落とし前!」と言われて、オレが「どうすればいいんですか?」と聞いたら、「おまえは何をやってくれるんだ!?」って言うから。オレは、「それも『呪怨』の呪いですかね?」って返して。

清水 そんなこと言っちゃダメだよ!

叶井 さらに、「うちの経費持ちで、霊媒師を呼びます」と言ったら、「ふざけんじゃねえ!」と返されましたね。その後、何回も電話があったし。

清水 確かに僕も叶井さんから「凄いの見つけた! 家の窓に女の霊が映っている! これを呪いという形で宣伝をしたい」と言われて、「あれはわざと僕が立たせたんですよ。気づく人は気づく程度で、わざとチラッと映している。これを記事にしたりすると、いろいろな人に迷惑がかかるから、やめてよ」と言ったのに、結局は出しちゃった。製作委員会からは「叶井俊太郎ってやつ、問題だぞ」と言われてましたよ。

叶井 「なんで本気で怒っている人に向かって霊媒師を呼ぶって言うんですか!」「おまえが祓えよ!」「暴走しすぎ!」などと、散々怒られましたからね。面白いと思ったんだけどなあ。

清水 でもそのときも、あなたは笑ってましたよ。「オレ、目の前で死ねって言われたの初めてだよ!」とか。

叶井　いやあ、めっちゃ面白かったよね。

清水　劇場版『呪怨』1作目の時は、叶井さんはあくまで協力という立場だったけど、『呪怨2』では完全にメインの宣伝プロデューサーになったじゃない。おかげで、『呪怨2』のパンフレットの内容がぜんぜん中身がなくて「子どもの付録冊子みたい」ってファンから言われちゃったよ。『呪怨』1作目のような、ちゃんとした感じのパンフレットじゃなくて「俊雄君お面」とかがついていて、超遊んでいるの。あれはあれで、面白かったけどね。

叶井　あれはオレが作ったからね。『呪怨』の内容と関係ないことばっかりやってたおかげで、一瀬さんから「死ね」どころか「切腹しろ」とまで言われて超ビビったよ。『呪怨』の予告編の完成披露試写があったときも、オレは前もって「行けない」とちゃんと言っていたはずなのに、夜中の1時か2時に突然電話で「今から来い」って六本木ヒルズに呼び出されて「おまえは今日、なんで来なかったんだよ！」と怒られたのも理不尽だったなあ。

清水　そのことだけじゃなくて、向こうもいろいろたまってたんでしょうね。でも、一瀬さんは叶井さんのことを「いい加減なところもあるけど、あんな面白い男はいない」と認めてはいましたよ。あの人、本人を直には褒めないし、彼自身も修羅場を起こしてはかいくぐってきていたからこそ、「この男は変わらない」と諦め半分の捉え方だったんじゃないかな。

叶井　この男と付き合うには、諦めが必要だと思われたのかなあ。

清水　めちゃくちゃ怒られた後に笑ってたりするから。なかなかこんな人はいないよ。

『呪怨2』主演・酒井法子の韓国での人気ぶり

叶井　『呪怨2』は韓国出張も面白かったよね。

清水　主演ののりピー（酒井法子）が、公式には初めて韓国に行ったんだよね。だけど、彼女が成田空港に着いたときに「パスポートを家に忘れた、飛行機に間に合わない」って担当Pから伝えられて。しかも「監督に合わせる顔がない、恥ずかしいから」って、車から出てこなかった。

叶井　マネジャーが泣きそうな顔をしながら旦那さんに電話して、パスポート持ってきてもらって。

清水　結局、オレは予定通りの便で先に行って、彼女は後から来たんだけどね。でも、酒井さんの韓国での人気はものすごくって、日本よりも勢いがあった。「碧いうさぎ」が主題歌のドラマ『星の金貨』（日本テレビ系）も、韓国ではみんなが見ていたから。空港でも映画館でもファンの熱狂がすごかったですよ。あの頃ののりピーは清純派で、ホラーに出るというイメージがなくて、ちょうど韓国でもJホラーが人気あったから、それらの相乗効果もあったと思う。結局、遅らせた便で彼女も到着はしたけど「舞台挨拶に間に合わない！」ってんで、現地の警察が大通りの一部通行を止めてくれてまで、彼女の乗った車を優先させてくれて、なんとか間に合った……今思い返しても、とんでもない事ですよ（苦笑）。

叶井　ほかにも『呪怨2』の宣伝では、「失神者が出るから」って言って、劇場に看護師と医者と担架を用意していたよね。

清水　わざとらしかったよなあ。お膳立てがすごすぎだ。そんなところに宣伝費使うかってあきれましたよ。

叶井　今だったらSNSで広まったかもしれないけど、当時はそんなものはなくて、その場にいる人にしか分からなかった。

清水　あれがSNSで広がっていたら面白かっただろうなあ。

叶井　担架をわざわざ病院から借りてきたのに、なんの意味もなかったよね。

清水　ただそこに医者がいる、担架がある。それだけだもん。

叶井　担架が劇場の階段を降りただけ。しかも、お客さんの動線としても邪魔だったんだよ。

清水　なんで医者と看護師が突っ立ってんのって。

叶井　そういうことやらなくても『呪怨2』は大ヒットしちゃった。だから、そういう仕掛けはオレの自己満足なんですよ。

清水　ヒットしているのに、酒井さんに「マンモスうれピー」とか言わせようとしていたもんね。

叶井　のりピーに「のりピー語をしゃべってくれ」って言ったら、その後から、ずっと無視されちゃって。

清水　そりゃそうだよ。

『幽霊VS宇宙人』の不入りぶり

清水 そんなふうに『呪怨』シリーズは大盛り上がりしたけど、その後、一緒にやった『幽霊VS宇宙人』（07）はぜんぜんお客が入らなかったね。当時は……アメリカ制作も経験したし、今度はこぢんまりした手作り的な映画をやりたいと思って、豊島圭介監督にも声をかけたら「やろうやろう」って、一緒にやって。

叶井 あなた、「初の全米興行成績1位を獲得した日本人監督なのに『幽霊VS宇宙人』とか作っていいのかよ」と思ったよ。あれは舞台挨拶を1カ月以上、しかも毎日やったよね。あれは大変だったよ。

清水 僕と豊島監督だけじゃなく、二丁拳銃やハリセンボンなどの芸人さんも呼んだりもしましたね。もちろん呼んだらギャラも発生するし、食事だってするし。

叶井 「なんで毎日舞台挨拶をやっているんだよ」「こっちの身になれ」と思いましたよ、本当。

清水 しかも、毎日やっているのに、お客が入らないんだよ。

叶井 全米1位の監督が登壇しているのに、ぜんぜん動員に関係なかったよね。

清水 こちらのやっていることと、観客のニーズが一致しないんだよね。『幽霊VS宇宙人』というタイトルも含めて、ちょっと好き勝手にやりすぎた。あれは勉強になりましたね。

叶井 毎日の舞台挨拶は、後にも先にもあのときだけだよね。毎日だと、映画館も大変だよ。

実写版『魔女の宅急便』も監督したのに「ホラー映画専門」と言われる

叶井 『呪怨』に関わってきた人も、あそこまで大ヒットするとは誰も思っていなかったね。

清水 それまでは、『呪怨』をやりたいと言っても向こうから出資や協賛を断ってきた会社や人って、たくさんいたんですけど、ヒットした途端、「ウチでも『呪怨』みたいなの作ってくださいよ」とかって平気で言ってきたりするんですよ。「実はオレ、あなたやあなたの会社が少し前には参加を断ってるの、知ってんだけどな……」とあきれて閉口しましたし、数字の社会と大人の縮図を見た気がしました。

叶井 『呪怨』はそれくらい、伝説の映画になったからね。

清水 「日本のホラー映画と言えば『リング』(98)か『呪怨』」になりすぎちゃってて正直、今は面倒臭いです。

叶井 それでも、清水さんはホラー専門の監督になってるよね。

清水 なっちゃってるよ。最近も、あるラジオ番組に出たんだけど「ホラー映画監督としてのあるとか、迷惑なことありますか」って聞かれたんだけど、こちらとしてはその質問がすでに迷惑ですよね。そんな、ホラー専門監督のように言わないでくれよと。ホラー以外の企画がますます通り難くなるから、営業妨害に近いんだけど……と。

叶井 あなたが撮っているの、ホラー映画だけじゃないもんね。でも、ホラー以外はさほど当たってないわけじゃない。

清水 ホラー映画ってエッジが効いていて、どうしても目立っちゃうから。『呪怨』はもう、本編を見ていない人でも知っているタイトルになっちゃったから。やっぱり「『呪怨』の清水崇監督」になっちゃうし。

叶井 実写版『魔女の宅急便』(14)とか、いろいろやっているんだけどなあ。

清水 あれはスタジオジブリのアニメが有名すぎるから、企画に弱気な人が多かったみたいで。はじめに話を聞いてから4〜5年たってから再始動したんですよ。でも、そのときにはアメリカにいたので、それからまた時間を置いちゃって、さらに時間がかかりましたね。主演の小芝風花が、その後に売れてきたのが良かったですよ。当時の最終オーディションには、○瀬○ず、○本○香、まだ小学6年生だった○辺○波もいて、今や全員活躍してくれててよかった。

叶井 すごいメンツだなあ。

清水 あと、小芝風花とは『アナザースカイ』(日本テレビ系)というテレビ番組の企画で、「彼女に会いに来てくれ」と頼まれて、先日9年ぶりに再会したんですよ。彼女にとって『魔女の宅急便』のロケ地の小豆島が思い出の場所ということで、そこに僕がサプライズで登場する、なんてことをやって、見事成功したし、彼女の活躍があって今度は逆に僕が呼んでもらえたわけだし。

木村拓哉から「清水監督の変態ぶりが出まくっていますね」と言われた。

叶井 2年間ずっと『呪怨』に付きまとわれていた。あの「生きるか死ぬか」みたいな濃密な日々は忘れられないね。

清水 叶井さんは走り回ったり、謝ったりしっぱなしだったよね。

叶井 オレなんか、六本木ヒルズで殺されそうになったもんね。最近の「村シリーズ」での良い思い出というか、裏話はあったりする?

清水 『ベイビーわるきゅーれ』(21)で主演の一人を務めている伊澤彩織が、『樹海村』(21)の主演・山田杏奈が飛び上がって天井に張り付くシーンで、吹き替えをやってくれたこととかかな。スタントとして紹介されたんですけど、伊澤さんは同性にめちゃくちゃモテるんですよ。カッコいいですからね。

叶井　「村シリーズ」はどれも見せ場が良かったよ。『牛首村』（22）で主演のＫōｋｉ，はどうなの？　現場に親の木村拓哉や工藤静香は来るの？

清水　Ｋōｋｉ，は素晴らしかったですよ。工藤静香さんはマネジャーとして常に現場に来てて、スタッフにも微笑ましいサポートぶりでしたしね。

叶井　工藤静香が来たら、周りが大変でしょう。めんどくさいなあ。

清水　いやいや、そんなことないですよ！　口出しとかもされないですし互いに不安や心配は正直に申し出た上で、きちんと説明すれば、物分かり良く協力してくれるし。むしろ周りのスタッフや関係者にはおニャン子世代の中高年がたくさんいたから「工藤さんがあいさつしてくれた！」とか喜んでいました。自分はそもそもアイドルとかに興味がない非ミーハーな人間だから、緊張せずにフランクに工藤さんと話せたのはむしろ良かったかもしれない。「ここのセリフ『ちょ待てよ！』にしましょうか？」とか冗談を言って、工藤さんから「うちの旦那そんなこと言います？」とツッコまれたりしてました。工藤さんの歌の振り付けを真似てた時はスタッフから「監督、いい加減にしてください。殺されますよ！」って言われたけど。

叶井　アハハハ。キムタクが現場に来たら面白いのになあ。

清水　あ、でも一度、直接あいさつをしましたよ。Ｋōｋｉ，から「どうしてもパパに見せたいから、どこか都合を合わせてもらえませんか？」と頼まれて、試写に来てもらった。木村さんからは「清水監督の変態ぶりが出まくっていますね」と言われましたよ。

叶井　変態ぶりって、どこを見ての感想なんだろうね。
清水　僕は「そうですか」って答えただけで。
叶井　「そうですか」じゃなくて、そこはどこがか、聞くもんだよ！
清水　僕は、それよりもキムタクに「サングラスを外してほしいなあ」って気になっちゃって。初対面でサングラスをつけたまま、あいさつするのは失礼じゃないかなあって。
叶井　そっちかよ！
清水　まあ、僕も帽子を被ったままだったし、お互い様か……って（苦笑）。
叶井　どっちもどっちだよ！

中田秀夫と清水崇が交互にホラー映画を作っている

叶井　ところであなたが、日本人で唯一の全米1位になった映画監督という事実が、最近はあまり表に出てこないよね。
清水　そうかな。プロフィール紹介では、いつも使われていますよ。でも、今の若い人は『呪怨』のタイトルだけは知っていても、ハリウッド版『ＴＨＥ　ＪＵＯＮ／呪怨』はたぶん見たことがないですし、もう20年前の事ですからね。あとは、『リング』の中田秀夫監督、『呪怨』の清水崇監督だけじゃなくて、次世代のホラー映画を送り出す監督が出てきてほしいですよね。だからこそ、新しいホラー作家の発掘と支援をする「日本ホラー映画大賞」という企画に参加させてもらっています。

叶井 知っているよ。それでも今は、中田秀夫と清水崇が交互にホラー映画を作っているような状態だもんね。

清水 同じ東映製作／配給で、僕の『忌怪島／きかいじま』と中田監督の『禁じられた遊び』(23)を両方やっていたりもしますからね。

叶井 中田監督は『〝それ〟がいる森』(22)がぶっ飛んでいたよねえ。

清水 あれはぶっ飛んでましたねぇ。

叶井 『〝それ〟がいる森』のあの発想はヤバいでしょ。

清水 こういう言い方もなんですが……東大出の方の発想とは思えない。中田さんは、もともとはホラー思考があまりないんですよね。基本的にメロドラマが好きだと公言もされていますから。

叶井 それでも〝ホラー映画の監督〟になっちゃうんだ。因果だねえ。

余命半年と言われても、ぜんぜん悲しくない

清水　お体は、どうなんですか？

叶井　昨年の6月に末期がんで余命半年と言われたんだけど、ぜんぜん悲しくないんだよね。

清水　言われたときは、さすがに「えっ⁉」ってなったんじゃないの？

叶井　全然ならなかった。まったくこの世に未練がないし、悲しくもならない。いつ死んでもいい状態だったもの。

清水　好きに生きてきているからじゃない？　やりたい放題だもの。人の生き方としては。

叶井　そうそう。だから、結局は治療もしてない。

清水　今は何もしていないの？

叶井　抗がん剤的なこともしていない。でも、免疫治療的なことはしているよ。それがもしかしたら効いているかもしれないよね。

清水　奥さんと娘さんは知っているの？

叶井　奥さんはもちろん最初から知っているけど、中学2年生の娘に知らせたのは、ついこの間。あなたにも、娘がいるよね。

清水　はい。でも最近、僕は全然家に帰れてないんですよ。
叶井　いや帰れよ!
清水　若い頃のほうが帰っていたんだけどねえ。今は帰っても「あ、いたんだ」みたいな感じの扱われ方だし、居場所が無くて（笑）。

自分の映画が子どもに見てもらえなくて寂しい?

清水　娘さんは、叶井さんがプロデュースした映画を見ていないんですか。
叶井　見ていないねえ。
清水　見ないかあ。そんなもんか。
叶井　『先生!口裂け女です!』(23)をプロデュースしたって言ったら、「絶対につまんない」と言われたし。
清水　見る前から!
叶井　この間買い付けた『食人族4Kリマスター無修正完全版』(23)も、「タイトルはいいと思うけどさ、絶対に見ないし、絶対にコケる」だって。

清水　うちの子どもたちも、僕の映画に興味を示さないですね。

叶井　『ミンナのウタ』はいいんじゃないの。

清水　家族はみんな、基本的に興味を示さない。でも先日、夏休み中に『ミンナのウタ』は娘が初めて見てくれて、「面白かった」って。うれしかったですね。以前はオレの映画を「怖そうだし見ない」って言っていた次男も、『犬鳴村』(20)は学校で話題になったらしくて「友達と行くから、やっぱり映画のムビチケくれる？」って言われました。まあ、それで見たはずなのに、感想も言ってくれないし。

叶井　『牛首村』や『忌怪島／きかいじま』は？

清水　奥さんも子どもも見ていないです。長男は見たのかなあ……くれって言うからチケットあげたけど、リアクションはなし。

叶井　『呪怨』シリーズは？

清水　たぶん『呪怨』も見ていないね。

叶井　小中学生が見たらトラウマになるよね。

清水　でも『呪怨』は、公開当時に中学生の間でも話題になっていたよ。友達と集まって『呪怨』見ようかって感じで。

叶井　いや、小学生は無理でしょ。

清水　ところが最近仕事したなにわ男子の西畑大吾くんやGENERATIONSのメンバーと

か、20代の役者さんたちもみんな、小学生のときに見てトラウマになったとか、多いんだよね。で、翌日学校で話題になったとか、よく聞くけどね。『ミンナのウタ』に、本人役で出演したGENERATIONSのメンバーの白濱亜嵐くんもホラーが大好きで、小学生のときから父親とホラー映画を見ていたと話していましたしね。

叶井 でも、自分の子どもが自分の映画を見ないというのも寂しいねえ。

清水 いや、でもそんなもんじゃないんですか。こっちからも「見てよ」って無理に勧めたくないし。10〜20代の頃って、親や先生から薦められた本や映画や音楽やら……って何か〝押し付けがましさ〟感じません? 距離感ある大人や少し年上の兄ちゃんや姉ちゃんからなら、違うけど。俺は我が子にそれをしたくなくて。見て欲しい想いは勿論あるけど、そんなエゴより、押し付けがましい親やオッサンになってる自分が嫌だし。

叶井 確かにそうだね。くらたまのマンガも、子どもから「興味ない」とか言われてたもの。

清水 中学生や高校生くらいだと、親に対して照れくさいのもあるんじゃないかな。大人になってからだと、客観的に見てくれるかもしれないですけど。

叶井 オレは「学校には絶対に来ないで」って言われちゃってもいるよ。

清水 まあ、学校で映画が好きな人とかがいたら、絶対に言われるでしょ。「口裂け女の映画のプロデューサー、お父さんじゃないの?」とか。

叶井 あなたの場合は「『呪怨』の監督じゃない?」ってもっと言われそうだよね。

清水　きっと言われてるし、子どもが小学校低学年のときには、参観日で、一部の親御さんやお子さんからも「監督さんなんですよね」と言われましたよ。でも俺は裏方だし、東京だったら、表にバンバン顔出ししてるタレントとか芸能人の子どもがクラスにいること自体、それほど珍しくもないですけどね。

余命半年って言われたらどうする？

叶井　自分が、余命半年って言われたらどうする？

清水　まず、家族に迷惑がかからないように、何をしておくかを考えるかなあ。バレたくない私物の片付けとか、人間関係の整理とか。

叶井　死ぬ直前にそれはめんどくさいなあ。先にやっておけよ！　オレはそんなのないよ。

清水　それは、叶井さんが表に全部さらしちゃってるタイプの人間だからでしょ。

叶井　確かにオレは周りにさらしてるけど、やましいことがなかったらいいわけだよね。後から何かがバレて、叩かれたりしないでよ。

清水　僕もやましいことは何もないですよ！　でも、実際にやれることは限られますよね。

叶井 オレは仕事を前倒しにしたんだよ。ポスタービジュアルとか予告編とか、来年の仕事を先に詰め込んでやって、ほぼほぼクリアーした。そして、昨年の6月に余命半年と言われて、もう1年以上たつわけじゃない。

清水 こうやって、会社に歩いて来れているのもすごいよね。あなたの血を引いた娘さん、あなたがいなくなった後とか、この対談を読んでどう思うんだろうね。

叶井 いやあ、面白く思ってくれるんじゃない?

清水 面白がってくれるかもしれないし、さらにマンガ家の血も引いているわけですから、娘さんも大物になるかもしれませんね。

写真／宇佐美 亮

清水 崇（しみず・たかし）

ブースタープロジェクト所属。映画監督。1972年群馬県出身。大学で演劇を学び、助監督を経て98年に監督デビュー。原案／脚本／監督のオリジナル企画「呪怨」シリーズ（99～06）はVシネや劇場版を経てハリウッドリメイク。日本人監督初の全米No.1に。叶井氏とは『呪怨』『呪怨2』の宣伝Pとして出逢う。近作に『犬鳴村』、『樹海村』、『牛首村』。ホラー以外に『魔女の宅急便』（14）、『ブルーハーツが聴こえる／少年の詩』（17）、『ホムンクルス』（21）など。プラネタリウム『9次元からきた男』（16）が、日本科学未来館にて上映中。2023年は『忌怪島／きかいじま』、『ミンナのウタ』の2作が公開された。

エンドロール！

11

［構成］佐藤彰純

●映画監督

豊島圭介

自身が余命半年と告げられたら――

「娘と2人で、〝立ったままできるストレッチ〟っていうのを……」

豊島監督も清水監督と同時期に出会ってるんだよね。たまたま変なきっかけで知り合って、そのすぐ後に、彼が監督した『幽霊VS宇宙人』っていう映画の宣伝で、毎日一緒にいたからね。その後もマメに電話したりしてたし、まあ、オレ的には、話しやすい人だよ。東大だしね。東大出て、しょうもない映画作ってるのも面白いじゃん。しょうもなくないのもあるけどさ。最近でも、オレがサイゾーに入ってから、何本か一緒にやってるんだよね。

豊島 いやいや、緊張しましたよ。今日、呼ばれて。

叶井 そうなの?

豊島 どんな顔して会いに来ていいか、ちょっと分かんなかったし、どのくらいの病状かも知らないし。

叶井 だから電話で言ったじゃん、もういつ死んでもおかしくない状態だからさ。

豊島 死ぬのは平気だって言ってましたね。

叶井 全然平気だもん。痛いのだけ嫌なんだよ。

豊島 痛い、今?

叶井 痛くない。痛くなったら、もう死んでるから。痛くなったら、事実上、死ぬんだよ。痛みを緩和するためにモルヒネなんか打ち出したら、ある意味、植物状態みたいになっちゃうからね。寝たきりになって。

豊島　延命治療はする？
叶井　しない、もうそのまま死ぬ。動けなくなったら、生きててもしょうがないじゃん。電話もできないし、メールも打てないだろ。
豊島　あのさ、話変わるけど、今回の対談依頼もそうだったけど、叶井さんのメールがね、ホントにぞんざいでさ、自分の名前も書かないんだよ。
叶井　書いてるよ！　書いてないか。
豊島　宛先の「豊島様」とかも絶対書かないしさ、ホントにメールの書き方を知らない人だなって、いつも思ってますよ。僕なんかすげえ丁寧なんですよ、知ってると思うけど。
叶井　知ってる。長い。
豊島　長いよね。
叶井　メールが長いんだよ。簡潔にしてほしいんだよ。読むのが面倒だから、すぐ電話しちゃうじゃん。あんま好かれないよ。豊島圭介はメールが長いってイメージだもん。
豊島　そうなの？
叶井　なんであんな長いの？　みんな読んでないと思うよ。
豊島　いやいや、読んでますよ。いや、読んでないかな、気をつけます。それ、叶井さんの遺言ね。
叶井　そう、簡潔なメールを送ってください。

豊島圭介と叶井俊太郎を引き合わせた意外な人物

叶井　さっき、あなたとの出会いを思い出してたの。そしたら、一緒にやった映画『幽霊VS宇宙人』のときじゃないんだよね。

豊島　松本さんじゃない？　松本彧彦（あやひこ）さんが主催の会合で会ったのが最初だった気がする。松本さんは、海部俊樹元首相の秘書やってた人。あるとき父親からね、自分の父親って、ザ・昭和のサラリーマンなんだけど、「重要な人を紹介したい」って。それが松本さんだった。で、その松本さんが、日本と台湾の架け橋みたいな仕事をしてる関係で、日本から台湾に遠泳するっていうスイマーを紹介されてさ。

叶井　日本から台湾に遠泳？　それ死ぬから。何キロあんのよ。

豊島　「君、そのドキュメンタリーを撮らないか」って松本さんに言われて、丁寧に断りましたよ。

叶井　面白いじゃん。やったほうがいいよ、そんなの。

豊島　嫌だよ、それに付き合ってカメラ回し続けるなんて。叶井さんは松本さんと何もなかったんですか？　仕事したり。

叶井　いや、大臣の秘書とか、仕事にはつながらないよね。

豊島　じゃあ何しに行ったんですか？

叶井　それは、あなたに呼ばれたんでしょ。

豊島　違いますよ、さすがに。

叶井　違う？　「来てよ」って言わなかった？　じゃなきゃオレ行かないじゃん、なんでそこにいるのよ。

豊島　だって僕はその会合で、初めて叶井さんに会って、「この人が『アメリ』の人だ」って思ったもの。松本さんが、叶井さんっていう映画配給の人とも知り合いになったから、僕に会わせようってなったんですかね。

叶井　たぶんそこにオレの3番目の嫁もいたんだよね。銀座のクラブで働いてたから、その松本さんが客だったんだと思う。それで、「(松本さんの会合に)監督が来るから一緒に行こう」って話になったんだよ。オレは嫁のつながりで、あなたはお父さんのつながりで行ったんだ。そこで初めて会うわけよ。

豊島　海部首相の秘書に引き合わされたってことだ、我々は。

初めての、叶井俊太郎との仕事

豊島　実際会うまでの叶井さんの印象って、なんか〝うかつに近づいちゃいけない人〟みたいな感じでしたよ。

叶井　そんなことないよ！

豊島　ははははは、映画業界内では武勇伝がいっぱい聞こえてきてたから。

叶井　なのに、近づいちゃったね。

豊島　いざ近づいちゃったら、ちゃんと仕事するじゃん！　と思いましたよ。確か『幽霊VS宇宙人』のときに、プロデューサーのキングレコードの山口幸彦さんか、当時僕が所属していたシャイカーの後藤剛社長が、「この映画の宣伝は叶井さんにお願いしよう」って言い出したんです。

叶井　後藤さんから来たね、この話は。当時オレが経営してたトルネード・フィルムで、この映画の配給と宣伝を受けたわけですよ。作品を見たときには、ひどすぎると思ったけど。

豊島　え、本当？

叶井　『幽霊VS宇宙人』って、オレは1本の映画だと思ってたから。

豊島　そうか、そりゃそうだよね。

叶井　そしたら、幽霊モノと宇宙人モノの2本のオムニバスで、それぞれ清水崇と豊島圭介が監督してるっていう。

豊島　あのころ、もう清水崇はハリウッドで『THE JUON／呪怨』撮った後だったから、飛ぶ鳥を落とす勢いで。僕はどっちかって言うと、早くプロでコンスタントに撮れるようになりたいっていう、立場にすごい違いがあったんですよね。いつも悔しいというか、忸怩たる思いがあって、でもこの作品では対等だって思いながらやってましたけど、そういう時代ですね。

叶井　全米ナンバーワンを獲った監督が、またいきなりこういうことをやってるんだもんね。

豊島　そうそう、それも変だった。

叶井　ポスタービジュアルさ、会田誠に描いてもらったんだけど、オレは失敗だと思うって相談したじゃん。そしたら山口さんが、会田さんに断れねえだろって。

豊島　そうだよね。

叶井　描き直しさせられないだろうって、オレはこれ使いたくないって言ったんだけどさ。

豊島　なんか地味っていうか、ブルーのね、なんとなく花火打ち上げたい気分とはちょっと違う、納涼な感じになってるんですよね。

叶井　でも会田さんには物申せないから、これでいこうってなって。

豊島　ポスターの「人間どうなるよ？」ってコピーは、叶井さんが考えたんですか？

叶井　そうだね。

豊島　これ面白いなって思ったんだ、覚えてる。でも興行はいまいちでしたよね。
叶井　全然ダメでしょ。
豊島　あははは、ひどかったね。
叶井　ひどかったよ。

15年後、突然の電話

豊島　それから、一緒に仕事をするのは、結構時間が空くんじゃないですか？
叶井　空きますね。
豊島　実際そのあと仕事が成立したのが、コロナの直前、２０１９年くらいに。
叶井　あれでしょ、『封印された日本　猟奇事件暴露ファイル』。
豊島　その15年くらいの間に何度か電話もらったことはある。
叶井　電話してるね。
豊島　そのたびに、「叶井俊太郎だから、きっと悪い電話に違いない、ろくでもない仕事案件に違いない！」と（笑）。でも、出ると「誰それの電話番号教えてくれ」とか。そういうのがいくつかあって、それで19年に、またかかってきたんです。

叶井　そうか。

豊島　また嫌な予感がしたんだけど、電話に出たら「あのさー豊島くんさー……ガーハッハッ！　むちゃくちゃギャラの安い仕事が……ガーハッハッ！　あるんだけどさー……ガーハッハッ！」ってさ、ギャラの安さを笑い声でかき消そうとしてるわけ。

叶井　そうそう、安い仕事ってことをごまかさなきゃいけなかった。

豊島　聞いたら、猟奇事件にまつわる動画を作るんだけど、やんない？　って。

叶井　配信番組ね。

豊島　打ち合わせに行ってね、事件を2つ選べって言われて、1コは足立区綾瀬の。

叶井　コンクリね。

豊島　1988年にあった「女子高生コンクリート詰め殺人事件」。まあ僕ら世代的には高校生だったと思いますけど、大事件だったし、後に僕が結婚した人がですね、あのAくんBくんCくんの同級生で、Aくんにナンパされたこともあるっていう。そういうこともあって、A・B・Cをよく知る同級生として、うちの妻を出したら面白いと思いますよって。

叶井　奥さんに出てもらったんだよね。

豊島　出た。顔はモザイクかけて、声はまんま。あれは面白かったですね。スクープっていうか、主犯たちの同級生があんな長尺で話す映像ってないはずだから、あれに関しては、やる意味があったかなって。

叶井　そうね。あとはなんだっけ、酒鬼薔薇か。

豊島　そうです。97年の「神戸連続児童殺傷事件」ですね。足立区のとある団地に、出所した少年Aが出没したって話を。

叶井　あれは「週刊文春」（文藝春秋）がさ、少年Aを撮影したじゃん。その場所をたどったんだよね。

豊島　そうだ、少年Aが記者に追いかけられてショッピングモールまで逃げ込むさまを再現したんだ。

叶井　あれも面白かったよね。ADの男子に少年A役やってもらってさ。

豊島　本気でビビってましたけどね。こんなことやったらボク殺されますよって。

叶井　コンクリ事件のほうも、現場に行ったよね。

豊島　実際のコンクリ詰めにされたドラム缶が遺棄された場所を見つけようってなって。徒党を組んで、木場のほうですよね。で、遺棄された場所は埋め立てられてて、工場があって、フェンスの端に小さい仏像が立ってた。

叶井　小さいね。

豊島　あ、ほんとにここなんだと思って、そしたらガードマンが来て、YouTuberかと思われたんですよね。こういう人たちが多くて、迷惑してるから帰ってくださいって。

叶井 言われたね。

豊島 そのとき叶井さんが、体を張ってくれたんですよ。その人を連れて話をしてて、その間に僕たちは撮影をサササッと終えて去る、みたいな。あのときに、「意外とちゃんとしてんな、叶井さん」って。プロデューサーらしい振る舞いもするんだと思って。

叶井 やってたね。

豊島 ああいうときって、偉い人でも逃げちゃう人いるんですよ。だから、尊敬しましたよ、少し。叶井さんって、どっちかというと、撮影してても、ガハハハーッとか、言いながら女の子とおしゃべりしたり、撮影の邪魔をする迷惑な行為が多い人ですけど、そのときは危機管理のセンサーが作動したのか、「おまえら静かにしろ」みたいな、叶井さんが僕たちにそういうことを言うのか、とか、それは不思議でしたけどね。そんなこともあるんだって。

叶井 あるよ。だって基本的にオレやっぱりさ、フリーじゃないからさ。基本真面目なんだよ。

豊島 えー、そうなの？

叶井 そうなんじゃない？

2人の共通点「同じ年の娘」

豊島　そういえば、叶井さんのところとうち、同い年なんですよ、娘が。今中学2年生で。叶井さんってさんざん仕事して、遊び散らかしてるイメージだったのに、あるときからフェイスブックに娘との写真を載せるようになって。クラブ活動のバドミントンに、いっつも付いて行くみたいな。仕事のことより娘のバドミントンの記事しか上がらない時期があったんです。小6くらいのときね、だから叶井さんも変わったなーと思ってさ。娘には、どうなの？　病気のことは話したんだよね。

叶井　もう言ったよ。オレはあと数カ月で死ぬけど、おまえはおまえで生きろと。「えー！」ってなってたけど。

豊島　それ、初めて言ったときですか？

叶井　初めて。それでショックは受けてたんだけど。2カ月くらい前かな。

豊島　じゃあ、それまで、がんだったってことは言ってなかったんだ。

叶井　ずっと言えてなかった。

豊島　急に痩せたのを、娘が心配して？

叶井　そうそう、心配してるからさ。オレ、もうがんでさー、もう死ぬんだよって言ったら、落ち込んでさ、「死ぬの怖くないの？」って言われて、オレもう全然、死ぬの怖くないからって言ったら、「じゃあよかった」って、自分の部屋に行っちゃったの。

豊島　そういうことか。じゃあ、やっぱお父さんの気持ちを心配してくれたんだ。

叶井　そうね。オレは死んじゃうのも怖くないし、おまえは生きろ、高校もがんばれと、そういう話をしたら、分かった、みたいな感じ。今はもう、娘になんかしようと言っても、拒否するから、あっちが。オレなんか余命いくばくもないのに。

豊島　余命の件とか分かってるのに？

叶井　そう、めんどくさいとか言って。

豊島　そこは優しくしてくれないんだ。

叶井　してくれないの。

豊島　それもなんか、いいっすね。いいっていうか、なんか。

叶井　嫁がいないときにね、2人で過ごす日が週2日くらいあるわけですよ。今日ごはん外に食べに行こうよって言ったら、「めんどくさいから行かない、弁当買ってきて」って。

豊島　ははは、「あたしが買ってくる」じゃないんだ。

叶井　向こうからは、「一緒に行こうよ」とも言わないの。オレはラーメン屋に行きたくて、あそこ行こうよって言っても、「絶対行かない」って。

豊島　いいね、なんかいいですよ。

叶井　逆にいいでしょ、行ってくんないわけよ。

豊島　今の状態を全然スペシャルだと思ってない感じ。

叶井　逆にどう？　余命宣告されたら。

豊島　娘に何するかって？

叶井　そう。何する？

豊島　うーん、具体的にっていうよりも、うちの娘はバレー部辞めちゃったんで、家でゴロゴロゴロしてるんですけど。

叶井　バレーってボール？

豊島　そう、『ハイキュー!!』（集英社）が好きだったから、ちょっと憧れてバレー部に入ったんだけど、もともと運動が得意じゃなくて、辞めちゃったの。で、家でタブレットで絵ばっかり描いてるんだけど。僕も今は結構家にいて、ＹｏｕＴｕｂｅでストレッチの動画を出してさ、２人で、〝立ったままできるストレッチ〟っていうのを10分くらい一緒にやったんですよ。肩甲骨伸ばしたり、股関節緩めたり。そのとき、これだなって（笑）。

叶井　どういうこと？

豊島　すべてのね、こういう時間をちゃんと大事にしていかないと、それこそ余命宣告とかされたときに、後悔するなって思いました。そういう感じかな、どこかに一緒に行こうっていうよりも。

マジメな話ですよ、これ。

叶井　マジメな話だね、そういうことね。

豊島圭介の「死んだらどうなる」

叶井　あなたにとって、「死」ってどういうものなの？

豊島　僕はあんまり自分が死ぬとかいうことは考えたことがないんですけど、僕の中に2つ、矛盾した考え方があって。どっちかって言うと、不思議なことは信じてるんですよ。お化けがいるとか、宇宙人とか、人じゃないものがいるかもしれないとか、そういうのは信じてる。

叶井　そっち系の人なんだよね。

豊島　で、人ならざるものに対する認識の仕方って、京極夏彦の小説を読んだときに、目からうろこが落ちたんです。例えば『姑獲鳥の夏』（講談社）っていう百鬼夜行シリーズのめちゃくちゃ売れた作品で、姑獲鳥《うぶめ》っていう妖怪がテーマなんですけど、実際にはお化けとしての姑獲鳥は出てこないんですよ。とある特殊なトラウマを抱えた主人公が、あるとき猟奇事件に巻き込まれるんだけど、そのとき彼が体験したり、その結果ある精神状態に陥ったりするんですね。で、京極夏彦は、主人公のこの経験自体を「姑獲鳥を見た」と言っていいのではないか？　という解釈をするわけ。

叶井　複雑な話だね。

豊島　だから、叶井さんと僕がもし、同じ事件に遭遇しても、2人とも姑獲鳥を見るとは限らない。そもそもの自分の人生やそのときの精神状態があるから、叶井さんにはそれが幽霊に見えるかもしれないし、僕にはそれが妖怪に見えるかもしれない。場合によっては宇宙人かもしれない。だから、同じ事件に遭遇したとしても、受け取る側にどう見えるかによって、その異形のモノの名前は変わってきたりする。自分が監督したドラマ『怪奇大家族』（テレビ東京系）とか、ふざけたコメディですけど、あれを作ったときも、そういう異形のモノっていうのは、ジャンルが違って見えても本質的には同じなんじゃないのっていうコンセプトがあったりする。

叶井　見る側がどう認識するのかという問題か。

豊島　うん。それはけっこう京極夏彦イズムだと僕は思ってるんですけど、その受け取る側次第だっていうのは、例えば日本人が見るお化けは〝白装束の幽霊〟だったりするのに対して、西洋人は〝聖母マリア〟だったりするじゃないですか。たぶん同じものなんですよ、見てるものは。でもその解釈が、文化とか宗教だとか、自分の来歴、歴史に基づいて変わってくるというのは、やっぱり受ける側の認知なんだろうなっていう。

叶井　そうね。

豊島　っていうのが1つの考え方。じゃ、幽霊を信じてるってことは、我々が死んだ後も意識は残って、成仏できない意識は霊としてさまよったり、無事に成仏した場合は輪廻転生して生まれ変わる、ってことも信じるんですよね？　ってなっちゃうんですけど。そもそも「意識っていうのは死後もあるのか問題」っていうのがあるじゃないですか。こないだネットフリックスの『死後の世界を探求する』っていう臨死体験のドキュメンタリーを見てたら、症例としてね、脳死した状態、いわゆるフラットライナーっていうんですか、そういう状態の女性が臨死体験をしているケースもあると。臨死体験も結局は脳の知覚なんじゃないのって説があるんだけど、脳が止まってるのに臨死体験してるケースもあるってことは、じゃあ意識ってのは脳とは関係なく存在するんじゃないかって説が出てくるわけですよ。

叶井　臨死体験を語っているってことは、その人は脳死から戻るわけ？

豊島　そうそう、戻ったの。1回死んだけど戻ってきた人たちの中で、面白いケースとして扱われてたのが、脳死のケース。知覚に脳が関係ないんだとしたら、脳が死んだ後も意識が残って、それこそが幽霊なのかもしれないし、あるいはその意識が輪廻転生して、また生まれ変わったりするんじゃないかとか、そういう話になるわけです。それをもとに、意識は肉体の死後も生き残るから死は恐ろしくないって思いたい人も出てくる。

叶井　(市川) 猿之助の事件とか、そうなんじゃないの？　サヨナラしてやり直そうって。

豊島　まさにそうですね。猿之助イズムだ。彼らみたいに本気で信じてる人たちもいる。でも僕は、輪廻転生とか生まれ変わるとか、意識は生き残るっていうのは、やっぱり宗教的な考え方で、どっかで今を苦しくしないための信仰であると思っていて、一方で幽霊とか不思議なものを信じたいし、信じてるんだけれども、自分が死ぬとき意識はバッツーンて切れて、真っ暗な暗闇になるとも思ってたりする。それが矛盾した二つの考え方なんです。叶井さんはどう思ってるんですか？

叶井 どういうこと？

豊島 死んだら意識はなくなって、ブラックアウトするかどうか。

叶井 ああ、オレは死んだら霊魂として残って、コックリさんで呼び出してほしいなって思うね。来年の3月に『三茶のポルターガイスト2』という幽霊を扱うドキュメンタリー映画が入ってんだけど、そのときにさ、オレが霊となって、映画に出てきたら面白いじゃない。

豊島 いいですねえ。それで言うと、臨死体験って基本的にお花畑のような美しい世界を見る人が多いと思うんですけど、地獄のように怖ろしい世界かもしれないじゃないですか。

叶井 あんまり聞かないね、地獄って。

豊島 だから、四十九日の間なのか、その後なのかは分からないけど、亡くなった叶井さんがちょっと僕のところに来るっていうのは、やってほしいかな。合図を決めといてね、死後の世界が天国みたいな場所だったら、ノックを何回とか、ここは地獄だぞってなったらノックを何回とか、決めといて。どう思います、そういうのって？

叶井 ノックとか、物理的なことはどうなんだろうなって思うね。現象として出るのはアリだと思う、影とか。でも物理空間のものに触ったりとか、人の足を引っ張ったりとか、そういうのはできないと思うわけよ。

豊島　でも、影が現れるくらいだと、叶井さんじゃない可能性もあるじゃん。浮遊霊とか、動物霊とかさ。

叶井　ああ、そうか。人間じゃない可能性があるってことね。

豊島　叶井さんと約束した何かを再現してほしいわけ。みんなが感動する仕掛けがほしいんですよ。

叶井　それは出てきたいけど、オレはほら、死に対するイメージを今まで全然考えたことがないからさ。あなたみたいに、死んだら完全にブラックアウト、その可能性もあるよね。まったく考えたことがないんだよね。どうなってんのかな。

豊島　やっぱりあれですか、生きることに未練がないから。

叶井　そう、だから、死ぬことにも興味ないんじゃない?

豊島　あははははは。

叶井　考えてないでしょ、たぶん。

映画人としての叶井俊太郎

豊島　叶井さん、映画大好きですすよね。
叶井　結構見てるよ。
豊島　そこだけは信用できる感じしますよね（笑）。商売でこういう仕事してるって感じじゃないですもんね。
叶井　まあ、いるよね。映画業界で働いているのに、タイトルだけ、興収だけしか見てない人も。
豊島　今日思いつく人生ベスト5ってなんですか？
叶井　なんの？
豊島　映画ですよ。今日思いつく。明日変わってもいい。
叶井　えー、『ゾンビ』(79)。
豊島　『ゾンビ』ね。うん。
叶井　『ゾンビ』だよ。
豊島　トップ5、『ゴッドファーザー』(72) とかは入らないの？
叶井　いや、入るか入らないかだね。

豊島　キューブリックは？

叶井　どうだろうな。『ゾンビ』は1位。あとはバラつきあるよね。気分によって。でも基本的にオレね、復讐ものがいいよね。例えば『ランボー』(82)みたいに、元グリーンベレーで今ホームレスとか、『沈黙の戦艦』(93)でセガールがさ、元ＣＩＡ最強の男が船のコックとか、そういう設定がいいんだよね。『アジョシ』(11)とか。

豊島　『アジョシ』ね。

叶井　元韓国の殺人部隊なのに、いま質屋の親父。昔最強なのに今はしがない親父、この設定がいいんだよね。

豊島　燃えるんだ、それが。

叶井　燃える。この設定は見逃さず見てるよ。

豊島　デンゼル・ワシントンとか。

叶井　『イコライザー』(14)ね。ホームセンターで働いてるおっさんがＣＩＡの最強の殺し屋じゃん。あいつがロシアの最強マフィアとか殺すから、その設定が痺れるでしょ。

豊島　あれもよかったじゃないですか、クローネンバーグの、ダイナーの親父が元殺し屋だったっていう。

叶井　なんとかバイオレンス。

豊島　『ヒストリー・オブ・バイオレンス』(07)だ。日本であんまりなくないですか？　松田優作とかであるんですかね。

叶井 日本映画はね、この設定ないのよ。むかし『呪怨』のプロデューサーの一瀬（隆重）さんにお願いしたことあんの。この設定でなんとかなんないかって。でも、日本はちょっと難しいんじゃないかって。

豊島 リアリティの話？

叶井 うん、日本だと最強の男っていうのがね。最強の男ってだいたい、銃使うじゃん。

豊島 ナイフとかね。特殊訓練を受けてることがないんですよね。自衛隊出身とかじゃ難しいのかな。

叶井 難しいんだよ。だから豊島くん、やって！

豊島 オレかぁー。

叶井 映画作ってよ。そういう設定でさ。

豊島 そんな好きだったんだ、そういうの。いいね。

叶井 そういうのを、お願いします。

豊島 分かりました、遺言ね。何か考えますわ。叶井さんに捧ぐわ。

叶井 それで、エンドロールにオレの名前入れてもらえると。

豊島 そうだね、僕、結構なんのジャンルでも撮りたいんで、面白いかもね。俊太郎って名前にしましょうか、主人公。

叶井 それはしなくていいよ。

豊島 当たるかな……。

叶井 当たるんじゃない？ 当たるよ！

写真／石田 寛

豊島圭介（とよしま・けいすけ）

東京大学教養学部表象文化論専攻卒業。『怪談新耳袋』(03)で監督デビューし、アイドル、ホラー、恋愛もの、コメディとジャンルを横断した映画・ドラマに携わる。2020年公開の『三島由紀夫vs東大全共闘 ～50年目の真実～』で初のドキュメンタリーの監督を務める。代表作に、映画『ソフトボーイ』(10)『花宵道中』(14)『森山中教習所』(16)『ヒーローマニア ー生活ー』(16)『妖怪シェアハウス ー白馬の王子様じゃないん怪ー』(22)など。ドラマ『怪奇大家族』、『マジすか学園』シリーズ、『CLAMPドラマ ホリック xxxHolic』『Is" アイズ』(BSスカパー!)、『書けないッ!? ～脚本家吉丸圭佑の筋書きのない生活～』、『妖怪シェアハウス』シリーズ、『キッチン革命』(すべてテレビ朝日系)などがある。東大出身者11人の恐怖体験をまとめた『東大怪談　東大生が体験した本当に怖い話』(サイゾー)著者。

エンドロール！

12

［構成］須藤 輝

●小説家 岩井志麻子

●編集者 中瀬ゆかり

自身が余命半年と告げられたら――

「おもろい葬式にする計画を立てるかなあ。」（岩井）

「多少寿命が縮んでも、自分のやりたいことをやりたいと思うわ。」（中瀬）

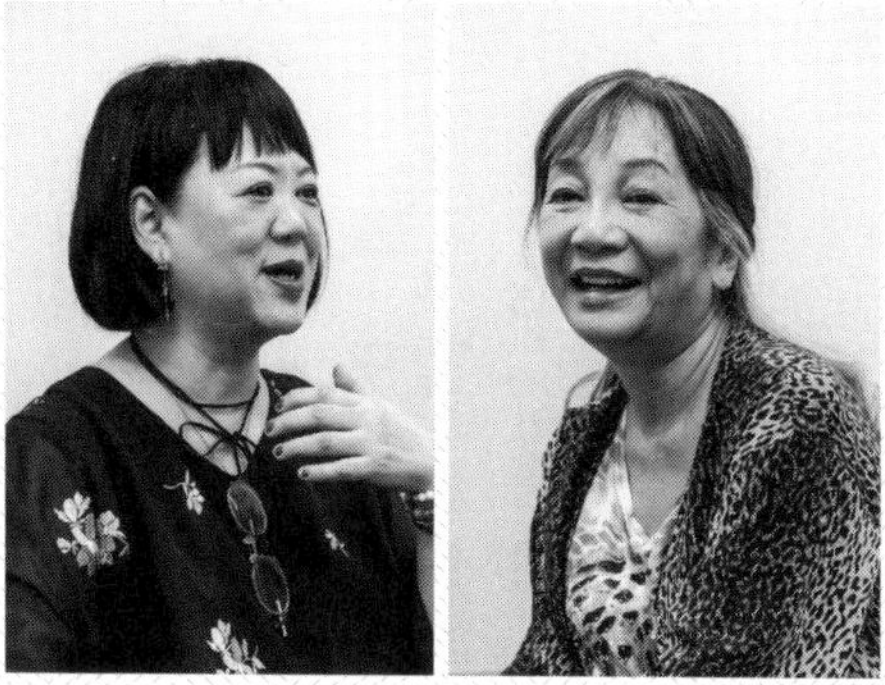

彼女たちは、くらたまに出会うきっかけだよね。2人とも、もともと好きな人だったけど、特に中瀬さんは編集者なのにインタビューとかワイドショーとか、いっぱい露出してたでしょ。そんなときにテレビで共演しないかって話があって、そこからはもう、毎日のように会ってたよ。いろんな店に連れ回されて、いろんな人を紹介されてさ。オレも30代前半で若かったし。志麻子さんも同時期に出会って、よく一緒にごはん食べに行ってたよね。

叶井　中瀬さんと志麻子さんとは20年ぐらいの付き合いになると思うんだけど、出会ったきっかけってなんだっけ？

中瀬　きっかけは、叶井くんが買い付けた映画『アメリ』が大ヒットしたとき、テレビ番組で共演したんだよ。番組名は忘れたんだけど……そのとき、えらいかっこいい兄ちゃんがいるなと思って。

叶井　ああ、テレビ出たわ！

中瀬　覚えてないの？　『アメリ』を買い付けてきたヒットメーカーみたいな感じで叶井くんが出てたのよ。

叶井　今思い出した。オレがまだアルバトロス・フィルムにいた頃だね。

中瀬　そこで私が「めっちゃ面白い、イケてるお兄ちゃんに会ったよ」っていう話をみんなにしたら、志麻子さんとか（中村）うさぎさんが面白がってきて、そこからうさぎさんが「彼って、くらたま（倉田真由美）の大好物だよ」みたいな感じにもなって……。

岩井　この3人で『ソウ』(04)って映画を見たような気がしない？

中瀬　見た見た。叶井くんが、まだ字幕が付く前のやつの試写会に呼んでくれたんだよ。私はパンフレットに寄稿したから。『ソウ』シリーズの1作目だよね。

叶井　懐かしいね。ていうか今の中瀬さんのテレビの話で思い出した。中瀬さんが、オレが買い付けたどうしようもない飛行機パニック映画を見てくれてたんだよね。

中瀬　そうそう。飛行機にカニかなんかの生物が……違う、サソリだ。エアなんとかっていうタイトルで。

叶井　『エアスコーピオン』(01)！

中瀬　それだ！　気圧で巨大化したサソリが乗客を襲うんだよね。すごいゆるいパニック映画だった。

叶井　その後に『ディープポセイドン』(05)っていうのがあったんだよ。今度は潜水艦で、海底の気圧でサソリがデカくなっちゃう。

中瀬　「なんでも気圧かい！」っていう。

岩井　叶井くんの買い付けてくる映画って、すごいよね。『ムカデ人間』とか「もういい加減にせいや」って、トラウマを植え付けられた。

叶井　『エアスコーピオン』なんてさ、全国で50人ぐらいしか見てないんだよ。そんな映画を中瀬さんは見てたの。

中瀬　だから叶井くんと会ったとき「おまえか！　あの映画を買い付けてきた犯人は！」みたいな（笑）。

岩井　叶井くんによって、映画は何もハリウッドの大作ばかりじゃないってことを、世の中には私の知らんおかしな映画がいっぱいあるってことを教えられたね。

中瀬　裾野ばっかり広げてくれてた（笑）。それが結構、心に残ってるんだよね。たぶん忘れたほうがいいのに、そういう映画に限って覚えてる。

叶井　絶対に忘れたほうがいい。オレも『エアスコーピオン』なんて20年ぶりに思い出したもん。

岩井　（スマホを操作しながら）『エアスコーピオン』、DVDになっとるやん。買ってみよ。

叶井・中瀬　やめなさいやめなさい！

岩井　でもさ、DVDになっとるちゅうことは、それなりに需要があるんでしょ？

叶井　あのね、はっきり言って見なくていいです。時間の無駄だから。

自殺実況テープが恋のキューピッド

叶井　じゃあ、『アメリ』のときに中瀬さんと会ってたってことは、01年とか02年だね。

中瀬 私が「新潮45」（新潮社）の編集長になったのが01年の8月で、上から「テレビに出て少し雑誌を宣伝しろ」みたいに言われてたから、ちょうどテレビに出始めた頃だね。

叶井 「新潮45」もさ、中瀬さんが編集長になってから実録の事件モノをいろいろ扱うようになったじゃん。それでオレは「新潮45」が好きになって、定期購読してたんだよ。面白かったよね、事件モノ。

岩井 最高やったね。ちょっと高尚な「実話ナックルズ」（大洋図書）みたいな。いや違うか。

叶井 文庫版になったやつも全部買って何回も読んだんだけどさ、あの中で、あるエリートサラリーマンの人が自殺の生中継したの覚えてる？

中瀬 もちろん覚えてる。首吊り自殺するところを自分で実況して、カセットテープに録音してたんだよね。あれ怖かったー。

岩井 あれね、新潮文庫（『絶命の瞬間まで録音した、妻子殺し社長の「自殺実況テープ」』新潮45 eBooklet 事件編7）になったときに、私が解説を書いたんだよ。その人は自殺する前に妻と娘を殺していて、「これから妻と娘のところに行きます」とか言ってってね。

中瀬 そう、それで「死にます」と言って、おそらく首を吊った後、「ゴーッ」っていう音が聞こえてるの。

叶井 あの音ってなんなの？　テープ聞いた？

中瀬 いや、編集部で何人かで聞いてたんだけど、私はビビリだから耳塞いでた。聞いたら何かもらっちゃいそうで。

叶井　聞かないと！　編集長なんだから！

中瀬　あのときはまだ私が編集長じゃなかったのよ。事件自体も90年代半ばに起こったものだから。

叶井　とにかくそれが一番印象に残ってて、うさぎさん経由でくらたまと知り合ったときに「どんな本読むの？」みたいな話になったわけ。そしたら、くらたまが「事件モノが好き」って言うから「オレも『新潮45』ばっか読んでるよ」って返したら「私も！」って。そこから文庫版の話になり、くらたまも自殺のテープの話が一番面白いって。

中瀬　え、何？　自殺テープがキューピッドなの？

岩井　そんなもんが結びつけるんかい。でさ、結局その「ゴーッ」って音はなんなん？　空調説とかもあったよね？

叶井　志麻子さんも聞いてないの？　解説書いてるのに、聞かなきゃダメよ。

岩井　もし、その音が本当に死後の世界から届いたのだとしたら……今ここで答えが出るもんじゃないけど、私がホラーを好きなのは、子どもの頃から死後の世界のあるなしに興味津々だったからなんよ。「怖い」って魅力的というか、人を引き寄せるじゃん。でね、死に関して、幼い私が親から聞かされたことでいちばん怖かったのが、「(死後の世界から)帰ってきた人、おらんからなあ」っていう言葉で。つまり「分からん」っていうのが怖いんよ。幽霊だの地獄だのよりもよっぽど。

中瀬　確かに死の怖さっていうのは、それに尽きるもんね。何も分からないっていう。

叶井　でもさ、臨死体験して三途の川を見たとか、幽体離脱して死んでる自分を見たっていう人もいるじゃん。そういう話は信じる？

中瀬　私は信じる。

岩井　そういう体験も脳内で起こっているというかね、宗教観によって死後の世界の見え方が違うっていうじゃない。日本人なら川の向こう岸で死んだおばあちゃんが「こっち来るな」とか言ってたりするけど、キリスト教圏の人だと光に包まれるみたいな。

中瀬　キリスト教徒は、三途の川は見ないだろうね。確かに脳がそういうイメージを作っているんだろうけど、それも含めて、私は臨死体験とかは信じるね。だって、命の正体や死後のことって、こんだけ人類の長い歴史があるのに、いまだに分からないんだよ？　科学的にもね。だからいくら不思議なことが起きても、私はあり得ると思う。絶対にないとは言い切れない。

叶井　じゃあ、さっきの自殺テープの話だけど、あの「ゴーッ」は霊界の音とか心霊の声なのか、今日はそれ聞きたかったんだよ。でも2人とも聞いてないっていうから、今ショックを受けてるのね。

中瀬　ごめんごめん。ただ、私は耳を塞ぎながら「わーわー！」って騒いで何も聞こえないようにしてたけど、ちょっとだけ聞こえたの。空調の音というにはあまりにも大きい、不思議な音が。

叶井　道路を走る車の音とかじゃないわけね？

中瀬　違うと思う。それだったら録音が始まったときからその音が聞こえてもいいのに、最後に、たぶん首を吊って事切れたあとに「ゴーッ」って。まあ、そういう非科学的なことを信じない人は「空調とかエアコンの音なんじゃないの?」とか言うと思うし、実際それに近い音なんだけど、その音の入り方が奇妙だったたし、耳を塞いで騒いでいても聞こえるぐらい大きな音だった。

叶井 ちゃんと音を聞いた人の話も聞いた?

中瀬 もちろん。ちゃんと聞いた人も同じように言ってた。空調というには大きすぎるし、それまでは聞こえてなかった音だって。

叶井 実況中は聞こえなかった音が、本人が死んだら急に……それヤバいね。

まだ55歳、未練の材料がありそうなのに……

岩井 叶井くんはこの世に未練はないんだよね?

叶井 まったくないね。だから、この間も話したけど、余命半年って言われても悲しくなかったの。くらたまはずっと泣いてたけど、オレは「なんで泣いてんですか?」みたいな。人は誰しも必ず死ぬからね。

中瀬 それ聞いてびっくりしたよ。確かに死は誰にでも平等に訪れるし、死なない人は誰もいないんだけど、まだ50代でしょ？
叶井　55歳だね。
中瀬　死ぬにはまだ若いし、愛する妻と娘がいてさ、未練の材料はいくらでもありそうなのに本人ケロッとしてるよね。
叶井　一日一日が充実してたんだろうね。たぶん、いつ死んでもいいような状態だったんだよ。
岩井　でも、叶井くんに生まれたら、きっと人生が楽しいだろうなと思う。
中瀬　これだけ何回も結婚してさ。
叶井　４回もね。
岩井　こういっちゃなんだけど、その年齢でも叶井くんは天寿をまっとうしたような、むしろ長寿な気もする。
叶井　だって志麻子さんも中瀬さんもさ、もう出会った頃からずっと面白かったじゃん。志麻子さんはもう思い出したくないかもしれないけど、あのヤバいマネジャーの話とか、何回聞いても笑ってたもん。
中瀬　虚言癖のマネジャーね。

モテを極めた男は、真にヤバい女にはセンサーが働く

岩井　私がホリプロにお世話になる前に、Aちゃんっていう押し掛けマネジャーがいてね。このAちゃんはほんまにヤバい女だったんだけど、Aちゃんに誘われて断った男が2人いるのよ。それが、叶井くんと徳光正行。

中瀬　ええー！　叶井くん、誘われたの？

叶井　そうそう。「相談があるので、2人で会いませんか？」みたいな感じのLINEが送られてきたんだけど、行かなかった。だって志麻子さん抜きなんだもん。怪しいじゃない。

中瀬　会わなくて正解だ。

岩井　だからね、叶井くんは伊達にモテ男をやってないなって。やっぱりモテを極めた男は、真にヤバい女に対してはちゃんとセンサーが働くんよ。

叶井　徳光さんが断るのって珍しいよね。オレからすると誰でもOKみたいな感じだけど。

中瀬　あはは、おまえもだよ！

岩井　徳光くんの株もね、叶井くんのついでに上がったわ。

叶井　とにかく、あのAさんはすごかったよね。まだあのマンションに住んでるの？

岩井　さすがにマンションは引き払って、「地元で就職のために実家に戻ります」と言って田舎に帰ったというウワサがあるんだけど、マンションの住人は誰も信じてないのよ。絶対に東京近郊にいるって。私の勘ではね、川崎・堀之内にいそうな気がする。

叶井　そっち？

岩井　ご存知でしょうけど、ソープランドの客は大きく分けて、若くてかわいい子とヤリたい男と、プロの技を堪能したい男の2種類いるわけよ。でね、プロの技を堪能するなら堀之内なの。私も童貞のかわいい大学生の男の子と、AVに1万本出演した男優だったら、後者とヤリてえよ。

中瀬　思考が完全におっさんのそれだよ。

岩井　でもね、真面目な話、Aちゃんはほんまに叶井くんのことがタイプだったと思う。ただ、そのとき叶井くんは、才色兼備の奥様がいらっしゃった……いや、結婚するかしないかぐらいの時期だっけ？

叶井　くらたまと結婚したのが09年だから、それより前かもね。

中瀬、岩井、それぞれの「余命半年」

叶井 でもまあ、2人とも、あんまり末期がんの人と話す機会ないじゃん？

中瀬 ないし、たぶん普通はこんなに笑いながら話さない。やっぱりあんたは大した男だよ。最初に会ったときから思ってたけど。

叶井 実際、もし医者から「あなたは余命半年です」って宣告されたら、どうする？

岩井 私はね、怖さを払拭するという意味でも、おもろい葬式にする計画を立てるかなあ。棺を私の好きな豹柄にして、もちろん遺影も豹柄の服に豹メイクでキメて、あと私は中国の獅子舞が大好きなんよ。春節とか国慶節とかで見る「シャンシャンシャン」っていう、毒虫みたいなやつ。あれの葬式バージョンがあるので、中華街にご協力いただいて、お祭りのような葬式にしたい。なんなら墓石も豹柄にしたいんやけど、探せば豹柄に見える石があるんちゃうかな？　その豹柄の墓石がインスタ映えスポットになったりして、ついでに拝んでくれたらいいな。

叶井 死んだ後の準備をしたいわけね。その半年のうちに。

中瀬 叶井くんは、そういうのはしないの？

叶井 まったくしない。むしろ仕事を前倒ししてるから。今作ってる『ホラー版 桃太郎』も「オレ、もう死ぬから」って前倒ししたんだよ。

中瀬　じゃあ「こんなふうに見送ってくれ」みたいなことも言ってないんだ？

叶井　言ってないね。なんか「葬式はやったほうがいい」ってみんな言うから、くらたまに「みんなの意見に従うよ」とは伝えたけど。

中瀬　あはは、みんなの意見。

叶井　中瀬さんは葬式どうする？

中瀬　私は、夫（作家の白川道）が亡くなったとき湘南の海に散骨したのよ。海洋散骨。要はお骨を粉々にしたものをパラフィン紙みたいなのに包んで、陸地から3キロ以上離れなきゃいけないから、みんなでクルーザーに乗って沖に出て。そこで、本人から指定されてた曲があったから、映画『ひまわり』（70）のテーマソングとかをかけながら、お花とお酒と一緒に骨も撒いたんだけど、それがすごくよかったの。だから、私も散骨にしてほしくて。白川の骨を撒いた緯度と経度を示した座標を散骨業者がくれたから、その座標と同じ場所に私の骨も撒いてほしいと家族には伝えてある。葬式はしないし、お墓も戒名もいらない。

叶井　旦那さんは何歳で亡くなったんだっけ？

中瀬　69歳。亡くなったのは15年だから、8年前か。「夫」といっても結婚はしてないんだけどね。事実婚を19年やって、籍もチンポも入れてなかった。

叶井　はは、知らないよそんなの。

中瀬　まだ若い……とはいえ叶井くんに比べれば、まあまあな歳だったからね。
叶井　じゃあさ、余命宣告を受けたとして、延命治療はする？
岩井　私も叶井くんと同じで、多少寿命が縮んでも、自分のやりたいことをやりたいと思うわ。
叶井　オレは余命半年と告げられたとき、治療法もいろいろ説明されたんだけど、全部拒否したんだよね。抗がん剤で毛が抜けるのも、めちゃくちゃ痩せるのも嫌だから、やらない。このままがいい。
中瀬　カッコいいまま死にたいんだ。
叶井　やっぱりオレは、動ける状態のままバターンと死んだほうがいいんだよね。もちろん価値観は人それぞれだから「長く生きられるなら、なんでもやります」って医療に頼る人を否定する気はまったくないんだけど。
中瀬　私も治療のために長く入院したり、ちょっと寿命が延びる代わりにＱＯＬがすごく下がったりするくらいなら、ギリギリまで自宅にいたい派。
岩井　あと私の場合は、幸いにもと言っていいのか、両親ともに健在なのよ。加えて、うちにはかわいいワンコが２匹いるんだよね。だから両親とワンコたちよりは長生きしたいと思ってるんよ。逆に言うと、その両親とワンコ２匹を無事に見送れたら、めっちゃ悲しいけど、すごい楽になるだろうなと。もう、思い残すことはないねん。子どもはさ、あと何十年も生きるし、自分の楽しいと思う人生を自由に生きたらよろしいわ。

叶井　志麻子さんのところはもう社会人だし、子どもの人生は子どものものだからね。
岩井　子どもはほっといても勝手に生きるから、私はちまちま金を稼ぎつつ、自分の好きな東南アジアのホテルを転々としたい。移住じゃなくて、ホテル暮らしに憧れるというか、もはや夢想だけど。あとは、死ぬまでに何冊書けるか。考えることって、それぐらいやね。
叶井　やっぱ入院は嫌だよね。
岩井　特には胃ろうとかは、想像するだけでつらいな。自分の好きなもの、美味しいものを食べたいから、胃ろうをするんだったら寿命が縮まってもいいかな。

最愛の夫が亡くなったことで、自分自身も半分死んだ

叶井　中瀬さんは死ぬギリギリまで自宅にいて、何かしたいことあるの?
中瀬　普通の日常生活だな……私もやり切った感があって、しかもこの世で一番好きだった人を先に亡くしてるんで。白川も入院もせずに、家でバタッと。
叶井　死因はなんだったの?
中瀬　大動脈瘤破裂っていう、大動脈がこぶみたいになって、破裂したら10秒ぐらいで亡くなる病

気。しかも前日は元気に徹マンして、帰宅してから、たぶん競輪に行くためにスポーツ新聞を読んでる最中に。

叶井　一緒にいたの？

中瀬　いや、私は2階の寝室で寝てたのよ。ベッドの中で「あ、徹マンから帰ってきたな」と思ったら、ガサガサ物音がして、ずいぶん咳込んでるから「あいつ、風邪でも引きやがったか」と寝室から風邪薬を持って降りていったら、ソファにくずおれていて。私は状況が分からないから「どうしたの？」とか声をかけたんだけど……。

叶井　もう意識はないわけ？

中瀬　すでに亡くなってたの。目も開いたままで。もちろん心臓マッサージと人工呼吸をしながら救急車を呼んだけど、完全に手遅れ。一応、病院に運ばれて、人工呼吸器とか必要な処置を施されたうえで、「そろそろいいですか」みたいな空気の中で、医者から、何時何分ですって死亡宣告されたのね。でも、それは形式的なもので、あの場で亡くなってたね。

叶井　なるほどね。

中瀬　それを見て、彼らしいきれいな去り方だと思ったの。床に少しだけ血を吐いてたんだけど、何も汚してなかったし、そもそも彼は70歳になるのをすごく嫌がってたのよ。私が「もうすぐ古希じゃん」とか言ったら「古希なんて嫌だよ。じじいっぽいじゃん」って。で、古希の半年前に、69歳で旅立てたんだよね。足腰も弱ってて、いかにも寝付きそうな感じだったんだけど、亡くなる前日まで元気に遊んで、お金は……銀行口座を見たら１０３円しかなかったの。

叶井　１０３円⁉

中瀬　『一〇三歳になってわかったこと』（幻冬舎）ってベストセラーはあるけど、１０３円になって分かることがあるとはね（笑）。別に遺産なんかいらなかったけど、口座から引き出すことすらできない金額。逆に白川は、新潮社も含めて複数の出版社から原稿料を前借りしてたのよ。だから会社に対して恥ずかしくて。ついでに言うと、彼が亡くなる前日、徹マンしに雀荘に行ったときも「雀荘で誰かにお金借りるんじゃないか」って、すごい嫌な予感がしてたんだけど、その予感も的中したからね。

叶井・岩井　あはははは。

中瀬　３万円ぐらいなんだけど、もちろんそれも返しに行って。白川が亡くなって私が最初にやったことって、彼の携帯電話を解約することだからね。「これからどんだけ借金取りから電話がかかってくるんだ？」と思って。マジで呪いの電話だと思う。今言った前借りも全部合わせたらすごい額になったんだけど、死後に本が売れたりして、少しずつ減っていってはいる。

叶井　それは結構ショックだね。

中瀬　まあ借金はさておき、白川が旅立った時点で私自身も半分持っていかれたというか、半分死んじゃったような感覚もあって。当時の私は51歳だったけど「ここからは余生だな」と、死がすごく近くなったんだよね。彼の遺影の傍らには、海に撒かずに少しだけ残しておいた遺灰を置いて祭壇みたいにして、毎日「行ってきます」とか「ただいま」とか言ってるし、コーヒーとかウイスキーとかお菓子とか、彼が生前好きだったものを供えてるし、私が競輪場とか旅行とかに行くときも、遺灰を入れたペンダントを持って行ってるの。だから死者と一緒に生活しているというか、一体化してるというか。もし私が死んだら、本当に白川のそばに行くだけなんだなって。

叶井 死ぬまでにやっておきたいこととかはないの?

中瀬 強いて言えば、私はお見合いをしてみたかったんだけど、あと半年で死ぬ女がお見合いに来られても困るよね。

岩井 振袖着て。

中瀬 そうそうそう。まあ私も、叶井くんほどではないにせよ、好き放題やったし、仕事も楽しかったし、大恋愛もしたしね。ただ、志麻子と同じように、うちもネコが3匹いるんだよね。この子たちを置いたままでは逝けない。

叶井 今、いくつぐらいなの?

中瀬 一番上が20歳で、13歳、9歳って続くから、一番上の子に関しては覚悟はしてる。

叶井 確かにネコがいるのは気がかりだよね。うちにも昔、ネコがいたけど、子どもよりネコのほうが心配になるかも。

中瀬 だって人間はね、自分で生きられるから。

岩井 イヌネコはね、人間がいないと生きてけない。野に放ったら死んじゃうか、保健所に連れていかれちゃうからね。

叶井俊太郎は「迷惑」をかけた？

叶井　この書籍、当初は今まで迷惑をかけた人に謝りに行くっていう企画だったんだけど……。
中瀬　あはは、そうなんだ。
叶井　何かオレに迷惑かけられたことってある？
中瀬　うーん……ないよね？
岩井　うん、おもろいことだらけや。ていうか私の場合、むしろRちゃんが叶井くんに迷惑をかけたんじゃないかって。本当に虚言癖がひどくて、私もいまだに彼女の正体が分からないし、彼女の言ってることはほぼウソだったから。
中瀬　私もテレビで共演したときに「なんておもろい人だ」と思ったし、しかも「あの『エアスコーピオン』を買い付けたのはこいつか！」って、めちゃめちゃ印象深かった。今まで会ったことのないタイプというか、私はいわゆるイケメンの、しかもチャラ男みたいなやつは苦手なんだけど「この叶井とかいう面白い男をみんなに見せたい」と思って。

叶井　いろんなところに呼んでくれたよね。

中瀬　いろんなところに呼んで、いろんな人に会わせた。みんなが叶井くんのことを大好きになるわけよ。それが本当に楽しくて、結局それが流れ流れて、うさぎさんからくらたまのところまでたどり着いて、結ばれたときはびっくりしたよ。同時に、その起点になったのは自分かもしれないと思うと、ちょっとうれしかったり。

叶井　うさぎさんが「どうしても、くらたまに会わせたい」って。

中瀬　やっぱりみんなそうなるのよ。あなたはね、誰かに見せたくなる。「こんなん見つけたわ！みんな見て！」って。

叶井　でもぶっちゃけ、うさぎさんと一緒にくらたまに会いに行く前はすごい憂鬱だったの。だって、中村うさぎと倉田真由美とオレの3人じゃん？　あんな強烈な2人と何を話せばいいんだろうって。

岩井　ここまでみんなに会わせたくなる人、ほかにいるかな？

中瀬　めったにいないよね。10年に1人ぐらいじゃない（笑）？

叶井　あの頃はオレも若かったし、結構ブイブイだったし。普通の会社員でこんなベラベラしゃべるタイプは、あんまりいなかったと思うから珍しかったんだろうね。

中瀬　全然いない。叶井くんは、叶井くん自身も面白いんだけど、人の話も本気で面白がるし、よく笑うじゃん。だから余計に場が盛り上がるんだよ。

岩井　人は全員死ぬけど、叶井くんの場合はすげえおもろい人として語られるわけだから、素晴らしいじゃない。憧れるよ。

叶井　いや、志麻子さんだって十分面白いよ。まあ、とにかくオレが死んだらさ、来年の3月に『三茶のポルターガイスト　パート2』って、今作ってる映画が公開されるから、それを見てよ。たぶんオレ、幽霊として映画に出てくるから。

中瀬　いや、普通に生きて映画館にいそうだから。「おお、来てくれたんだ?」とか言って。

岩井　死んでねえじゃねえか！　っていうね。

叶井　そしたら、この本の第2弾を作るのも、意外といいかもしれない。結構、病気の本って売れるじゃん。それこそ、がんの闘病記なんてさ。いや、闘病してないんだけど。

中瀬　死ぬ死ぬ詐欺以外の何物でもないね。

岩井　第2弾は「死んでなくてごめんなさい」かな。

叶井　そうね。じゃあ、そんな感じで。

写真／後藤秀二

中瀬ゆかり（なかせ・ゆかり）

新潮社出版部部長
和歌山県田辺市出身。奈良女子大学文学部卒業。出版部、「新潮」編集部、「新潮45」編集長等を経て、2011年4月より出版部部長。私生活ではハードボイルド作家・白川道と18年間事実婚であった（氏は2015年急逝）。コメンテーターとしての活動もあり、現在は、『5時に夢中！』（TOKYO　MX）、『垣花正　あなたとハッピー！』（ニッポン放送）などに出演中。

岩井志麻子（いわい・しまこ）

ホラー大賞もらってホラー作家になり、山本周五郎賞までもらったのに、ヒョウの着ぐるみでテレビに出たりして笑われている小説家。来年はついに還暦。実はすでに孫もいる。最新刊は『煉獄蝶々』（角川書店）。

13

［構成］佐藤彰純

●小説家

中村うさぎ

自身が余命半年と告げられたら——

「まあ、遊びまくるよね。」

うさぎさんはホントに、紹介したい人がいるから一緒に行こうって言われて、そこにくらたまがいたんだもん。くらたま!? って思ったよね。もちろんくらたまのことは知ってたし、ネタにされるって身構えてたけど、全然そんなことなかった。面白かったよ。くらたまとうさぎさん、中瀬さん、志麻子さんに男性はオレ一人ってときもあったかな。まあ、それでもみんなでごはん食べたら爆笑の連続で全く問題なかったのも、驚愕した思い出だね。

叶井 久々に会いますよね。もう10年ぶりくらいでしょうか。

中村 もっと前だよ。私が心肺停止したのが2013年。ちょうど10年前の9月が心肺停止記念日。それより前に会ったのが最後だから、10年以上前よね。

叶井 そうか、くらたまと結婚して15年くらいたつから、うさぎさんと会ったのは16年くらい前だ。

中村 そもそもさ、くらたまと叶井さんを引き合わせてあげたのが私だったんだよね。

叶井 そうなんですよ。うさぎさんが食事の場にくらたまを連れてきたの。

中村 当時、中瀬(ゆかり)に紹介されて叶井さんに会ったんだよね。ほら、あなたに女の人のファンが多かったじゃない。

叶井 まあ、周りからはブイブイ言わせてたと聞きます。

中村 おモテになっていたから。で、顔見た瞬間に思ったの。あ、くらたまが好きそうな男って。

叶井 よく分かりましたね。

中村　だいたい、くらたまのタイプは把握してんの。男らしいっていうか、チョイ悪系が好きなんだよね。それで、くらたまに言ったんだよ。「こないだ会った人、あんたが好きそうなタイプだよ」って。そしたら「すぐ紹介して!」って言うから、それで3人で食事をセッティングしたのよね。私が叶井さんと会ってから、まだ1カ月か2カ月目くらいの頃。

叶井　そうそう、六本木か西麻布だったよね。当時オレはまだ40代前半だったんだけど、行く前から、うさぎさんとくらたまっていう二大巨頭と会うわけですから、会社で「これから中村うさぎとくらたまと会うんだけど、どうしたらいいかな」って、社員に言ってたんだもん。みんなも「何話すの?」「オレは行けねえわ」って。

中村　やっぱノンケの男の人にはハードル高い?

叶井　ハードル高いですよ。このお2人こそブイブイ言わせてたし。

中村　怖そうだもんね。

叶井　怖いですよ。何言われるか分かんないし。でも面白そうだと思って行ったら、案の定、話が面白くてね。くらたまも、結構笑ってましたよね。

中村　そう。最初に怖いって思ってたから、ギャップっていうかさ。わりと話しやすくて、好印象だったのかもね。

叶井　くらたまは『だめんず・うぉ～か～』(扶桑社)でも男をバッサバッサ切ってたし、上から目線の人のイメージがあったんですよ。インタビューでもそういう話をしてたし。でも改めて話してみると面白かったんで、盛り上がりましたね。

中村 そう。そしたら、いつもはさ、「この後、お茶でも飲まない？」って言ってくるくらたまが、「じゃあ！」って私に手を振ったの。2人は横に並んでてね。私は「そうですか、じゃあ帰ります」って、タクシーに乗せられて。

叶井 あはははは！　帰されちゃった。くらたまも冷たいよね。

中村 もう、その後の展開が読めたので。だって、くらたまは会う前からやる気満々だったもの。

叶井 そうだったんだ！

中村 だから、そこは分かってやるのが友情ってもんでしょ。友達っていうのは、そのためにいるんですよ。で、あの後は？　私は、ヤッたと思ってるけど。

叶井 それが覚えてないんだよね。でも、うさぎさんと3人で会った日には、ラブホとかは行ってないと思うよ。どっかでお茶したのかもしれないし、もう一軒行ったのかもしれない。あんまり記憶にないんだけど。でも本当に、ありがとうございましたっていう気持ちですよ。あのとき紹介していただいてね、今に至るから。自分的にも結婚生活が15年も続くっていうのは初めてですよ。こんなに長くね。

中村 うん。ハッキリ言って、絶対すぐ離婚すると思ってたもん。

叶井 やっぱり思ってた？　あっはっはっは。

中村 結婚するって話を聞いたときも、うまくいくわけないだろうって。何しろあなたの女関係のウワサも耳に入ってくるじゃない。結婚する前から問題アリアリでしょう、事故物件でしょうと思ってたんだけど、こんなに長続きするとはね。

叶井 知り合って1年くらいで結婚しちゃったもんね。

中村 意外にも、おしどり夫婦みたいになっちゃって。くらたまに「叶井さんって、あれ絶対浮気するでしょ」って聞いたら「それがさー、全然してないっぽいんだよね」とか言ってて。結婚すると男は変わるみたいなことを安易に言う人いるけど、私は絶対男なんか変わらないって信じてるのね。だけど、変わる人もいるんだなって、びっくりしました。浮気してないんでしょ?

叶井 そうですね。それに関しては、オレはノーコメントにしておきます。

くらたまから明かされた重大な秘密

叶井 オレの病気のことは、いつ聞いたんですか?

中村 今年の2月くらいに、くらたまを私のトークイベントにゲストで呼んだのね。その後、ごはん食べてるときに、お互いの近況を報告し合うじゃない。

叶井 うん。

中村　うちは母が死んでね、とか、うちも父が死んだよ、みたいな。お互い親が死ぬ年頃だからさ、そんなことを話してたんだけど。だいぶたってから、実は、誰にも言わないでほしいんだけど、こういうことがあってね、って、叶井さんの病気のことを言われてさ。でも私って、口が軽いのよ。

叶井　はは、そうだね。

中村　めっちゃ軽いの。だから、そんな重大な秘密を私に明かしていいのかなと思ったんだけど、私の口の軽さって、物事によるんだなって思った。この件は守ったもん。でもさ、元気そうね？

叶井　くらたまはすごい悲しんでるけどね。去年の6月に余命半年って言われたんですけど、オレは全然悲しくなくて。

中村　ふふ、それもどうなの。

叶井　へえー死ぬんだ、みたいな。でも、くらたまが言うから、いろんな病院10カ所くらい回ったんです。だいたいどの病院も、半年くらい抗がん剤やって、それから取り除くっていうんだけど、それでも成功率20％って言われるのよ。そんなの聞いたらさ、やらないじゃないですか。

中村　化学療法って、吐いたりとか苦しいとか聞くもんね。

叶井　そういうつらい思いをして手術してね、20％の成功率って、助からない確率のほうが高いってことじゃないですか。それだったら、もうやらないで、そのまま死のうと思って今に至るんですけど、1年超えちゃったんですよ。だから、オレに限ってはやらなくてよかったなって。

中村　いまだに生きてるもんね。よかったじゃん。
叶井　実際には、がんはもうすっげえデカくなってて、ステージ4超えてるし、肝臓にも転移してるっぽい。この後はもう背中が痛くなったらモルヒネで緩和ケアみたいな感じ。
中村　今は痛みはないの？
叶井　全然ないです。でもこの後、背中に激痛がくるらしいんで。
中村　おお……。結局何が嫌だって、死ぬのが嫌なんじゃなくてさ、死ぬまでの苦痛が嫌なんだよね。
叶井　そう、痛いのが嫌なの。
中村　分かる分かる、私もそう。
叶井　うさぎさんの、その心肺停止の時はどうだったの？　痛みはなかったんでしょ？
中村　いやいやいやいや。
叶井　ありました？
中村　そもそも入院した原因が分からなかったの。とにかく全身が突っ張って痛くて、いろんな検査したんだけど、その間も、ずーっと痛いわけ。
叶井　ずっと全身が痛いの？
中村　全身よ。わき腹だったり、背中だったり手足だったり、まあとにかく始終痛いんです。で、とりあえずは入院しましょうとなったんだけど、心肺停止した日は、朝さ、看護師さんが来たときにね、寝間着を着替えさせなきゃいけないんだけど、私は体が動かないから、着替えるときに腕をこう上げなきゃいけないじゃない。看護師さんに腕つかまれて、痛い痛い痛いって大騒ぎしてたら、急におとなしくなったんだって。

叶井 そこで意識がなくなったんだ。

中村 そう、大騒ぎしてたのに急に黙ったから、夫が「え、どうしたの?」って私の顔を見たら、もう、あっという間に唇が灰色になったって。

叶井 あらー。

中村 それでね、すぐに主治医が来て、意識不明になっている私を氷で冷やしたんだって。脳が過熱しちゃうのを防ぐためらしいんだけど。それでさ、氷詰めてるときは夫は外に出されてるから、中で何してるか分かんなくって、処置が終わって戻ってくるじゃない。夫が布団の中に手を入れて、私の手を握ったら、めっちゃ冷たい。

叶井 そりゃそうでしょ、氷で冷やしてるんだから。

中村 でも夫は冷やされてるのを知らないから、一生懸命こすって温めようとしたんだって。そしたら看護師さんに「あのー、冷やしてるんで、やめてください」って。

叶井 あっはっは。余計なことすんなって。それから、どこで目が覚めるんですか?

中村 3日目か4日目くらいに目が覚めたらしいんだけど、その瞬間のこともよく覚えてないんだよね。冷たくはなかったと思う。

叶井　冷たかったら死んでるでしょ。3日間も意識なかったって、すごいね。死の境をさまよったんだ。

中村　そう、だから臨死体験とかありましたかって必ず聞かれるんだけどさ、何もないんだよ。

叶井　何もない？　なんか、上に行って、自分を見下ろしたとか。

中村　ないない。三途の川を見たとか、おばあちゃんが向こう岸にいて「こっち来るなー」とか、まったくない。私が覚えてるのは、テレビを消すみたいに、プツっと真っ暗になって。

叶井　ブラックアウトだ。

中村　そうそう、ブラックアウトして、次の瞬間目が覚めたの。3日もたってるのも知らずに、普通に目が覚めたっていう感覚。臨死体験なんてないのよ。みんな脳が見てる夢。脳が死ぬ前に必死になってさ、死なない方法をいろいろ検索してるわけじゃん。それで何か見えてきたりするけど、それは幻想なんじゃないかって私は思ったわけ。

叶井　そうですよね。

中村　そうしたらね、この話にはまだ続きがあるんだけど、佐藤優（作家）さんっているじゃない、あの人はクリスチャンだからさ、信じてるわけ。

叶井　何を信じてるの？

中村　死んだら魂が、天国だか地獄だかに行く。私は臨死体験もなかったし、魂なんかないですよ……死んだら人は何者でもなくなりますよって言ったら、それは覚えてないだけかもしれないじゃないですかって。

叶井　ははは。

中村　まあ確かにね、夢だって忘れるじゃん。今日、夢見なかったって思っても、見たことを忘れるだけって言われたら、そうかもしれない。

叶井　うん、実際は臨死体験もしてるかもしれない。

中村　で、家に帰って、夫に「こんなことを言われたんだよ」って言ったの。そしたら夫がね、言うのよ。意識が戻ったときに私に聞いたんだって。「どうやって意識が戻ったの？」って。そしたら、自分では全然覚えてないんだけどさ、私が、帰ってこいって言われたからって答えたんだって。

叶井　へえー、そうだったんだ。

中村　で、「誰に言われたの？」って聞いたら、男の人の声だって。それで夫は、自分の声かなと思ってさ、自分が一生懸命ね、帰ってきて帰ってきてって願ってたから、自分の思いが通じたのかなって。夫は自分のこと「コウくん」って言うんだけど、「それ、コウくんの声だった？」って聞いたら、違う、違う、と。

叶井　え？　違ったの？　かわいそうに、もう。

中村　がっくりだよね。でも、そういうことを言ってたらしいのよ。

叶井　なるほどね、帰ってこいっていう声のときに、三途の川じゃないけど、何かがあったのかもしれないよね。

中村　あったかもしれない。でもまったく覚えてないからピンとこないんだよね。

臨死体験を経て……中村うさぎの死生観

中村　病気のせいで脚が不自由になっちゃって、長い間、車椅子生活になったわけです。そのときは、本当に心の底から、あのとき死んでればよかったと思ったよね。

叶井　どうして？

中村　私、死ぬのは怖くないわけ。どうせいつか死ぬじゃん。だから死ぬことには異存ないんだけど、痛かったり苦しかったりするのが嫌なのよ。苦しみながら死んだりとかさ。でも、あの心肺停止のときも、私が覚えている限り、痛い痛いって大騒ぎはしてたかもしれないけど、最期はプツッと死んじゃったっていう感じだったから。

叶井　そうだよね、突然死だ。

中村　そう、突然死だから、あのままポックリ逝っちゃってたら楽だったのにって。

叶井　痛みはないもんね。

中村　次に死ぬとき、痛みや苦しみがないとは限らないわけじゃん。ちくしょう、すごいチャンスだったのにって思うよ。病院で死んだもんだから、蘇生が早かったのよ。退院してしばらくは、本当にそれが悔しくて、罰だと思った。

叶井　罰？　なんの罰？

中村　たいていの人は、帰ってきたのは日頃の行いが良かったからだよ、とか、神様が助けてくれたんだよとか、お釈迦様の蜘蛛の糸みたいな、いいふうに解釈するんだけど、私にしてみれば二度目の死に方がどんな死か分からない以上、あのとき死んでればよかったのに、体がボロボロになったまま生き残ったのは罰じゃないかって思っちゃってるところがある。今度こそ、もっと悲惨な死かもしれない。

叶井　生き残っても、脚が不自由になるのは、ちょっときついよね。

中村　そうなの、トイレも車椅子のころは1人で行くのが大変だったから、夫がいつも起きてて、連れてってくれるんだけど、もう目に見えて看護疲れしてるのよ。

叶井　そうなんだ。

中村　そりゃそうよ。自分のベッドで寝ないで、私のすぐそばに簡単なソファみたいなの置いて、私が「うーん」とか言ったらすぐ起きて、「トイレ？」「痛いの？」って、ずーっと付きっ切りで介護してたから、申し訳なくってさ。

叶井　ダンナさんが付きっきりで介護してたのは車椅子から卒業するまでの数年間？

中村　うん。それで私、せめておしっこくらいはと思ってさ、夫を起こすのは忍びないし、オムツしてても成人の量ってたっぷりあるから、漏れちゃったりするのよ。このトイレ問題をなんとかしようと思ってさ、「うさパン」っていうパンツをですね、うさぎのパンツね、レミパンになぞらえて考案したんです。

叶井　あはははは、考案したんだ。

中村　うさパンっていうのは、でっかいゴミ袋の両端に三角形の穴を開けて、そこに両脚を通すわけ。それをオムツの上から履いて、ウエストを縛るの。そしたらほら、おしっこ漏れちゃっても、この部分にたまるじゃない。うさパンがキャッチしてくれるから、寝ている夫を無理やり起こしてトイレに行かなくてもよくなったの。

叶井　うん、うん。

中村　でもさ、もう私には何もなくなっちゃったの。歩けないし、どこにも行けないし、入院してる間に仕事も全部なくなっちゃってさ、テレビのレギュラーも復帰してからちょっと出たんだけど、まあそれは病気とは関係なく美保純とケンカして辞めたんだけどさ。連載していたのに、入院している間になくなっちゃった雑誌もあったし。

叶井　入院、長かったもんね。

中村　半年だもん。それで退院したてのときは絶望しててさ、経済的にも、どうなるんだろうって不安もあるし、取材も行けないし、いろんなことができないじゃない。

叶井　そうだね。

中村 ずっとこのまま夫にオムツ替えてもらって、生きてる意味ないと思って、それで首を吊ろうとしたんですよ。

叶井 なんで!?

中村 え? いや、あのさ、もう生きてるのが嫌だからよ。夫の負担になるばかりで。これで介護施設にでも入れてくれれば、むしろお金払って介護してもらって、申し訳ないっていう罪悪感が半減すると思うんだけど、夫が、施設に入れないで自分が看るって言うから。

叶井 そう言うんだね。いい人じゃん。

中村 介護される身としては良し悪しだよね。看てあげたいっていう家族の気持ちは分かるんだけど、されるほうとしては、プロに介護されたほうが気が楽よと思って、施設に入るって話を何回かしたんだけど、夫が反対して。そんなことで、あれこれ本当に嫌になっちゃって、夫が寝てる間に死のうと思ったわけ。

叶井 へえー。

中村 でも、死のうったって、自分で立ち上がれないわけでさ。

叶井 立ち上がれないよ、どうすんの。

中村 マンションのベランダから飛び降りるにも柵が越えられないし、それで、ドアノブで首を吊ろうと思ったの。それだったら車椅子でも届くからさ、ドアノブにタオルをひっかけたわけですよ。

叶井 うん。

中村　タオルをひっかけて、こうして車椅子から降りて首を吊ってさ。そしたら、ゆるいわけ。ゆるいからちゃんと締め直したいんだけど、腕が上がらないの。痛くて、腕が上がらなくて、ちゃんと締められない。それでも一生懸命さ、不自由な手で、こうやって、体重かけたらさ、ずるーんって、ふふふ、ほどけちゃってさ。

叶井　あはは。

中村　もう全然。

叶井　笑っていいのかどうか分かんない話だなぁ。

中村　あっはっは。もうさ、それで私が思ったのは、身体障害者は自殺もできないのかと。

叶井　なるほど。

中村　これはすごい罰だなって思ったの。神の意志とか、何者かの意思だとしたら、これは罰以外のなんでもないと。あのとき死んでれば、こんな思いをしなくて済んだのに、自分で死ぬこともできない体にするなんて、何事だよと思ってさ。

叶井　結局、タオルが取れちゃって、あきらめたってことなの？

中村　あきらめたの。そしたら夫が部屋に入ってきてね、私が床に転がってるじゃない。車椅子の横でべたーっと寝てたらさ、タオルはそのまんま、片付けられないし。

叶井　そうだよね、動けないもんね。

中村　夫が「これ何」って言うから、「うーん、首吊って死のうと思ったんだけど失敗した」って言ったのね。そしたらね、すっごく落ち込んだ顔をしてたの。悲しませたのよ。夫の悲しんだ顔を見たときに、あ、私が死んじゃったら、やっぱこの人、悲しいんだと思って。私はこの人の迷惑になるのが嫌で死のうと思ったんだけど、この人がこんなに悲しむんだったら、これは私のエゴだなって思ったの。

叶井　うん。

中村　私はただ、これ以上人に迷惑をかける自分が嫌なだけなんだと思って。夫も、すごい落ち込んじゃってさ、泣いちゃったりしてさ、ああこれは死ねないなと思って、以降はまあ、とりあえず自殺はしてません。

「激痛って、すぐ忘れるんだよ」

中村　ごめんね、私ばっかりしゃべっちゃって。

叶井　いや、全然オッケー。うん。

中村　だからまあ、もう自殺する気はないんだけど、またちゃんと死ぬわけじゃない。

叶井　まあ、人間誰しも死ぬからね。

中村 そう、それはもう分かってる。でもさ、あの突然死のチャンスを逃してからさ、怖いよね。叶井さんも、これから痛みますよ、なんていうのはね。

叶井 そう、背中に耐え難い激痛がくるって言われてるの。それって、いちばん嫌じゃないですか。

中村 まあ、モルヒネは効くらしいから。

叶井 でも、耐え難い激痛がこないと打てないんですよ。ということは、激痛を一回体験しなきゃいけない。ぐわーってなって、モルヒネ打つまでの間、救急車で運ばれるわけじゃないですか。その30分なり1時間は激痛に耐えなきゃいけないでしょ、それをイメージすると、すごく嫌なの。

中村 分かる。けどさ、激痛ってね、すぐ忘れるんだよ。

叶井 え、どういうことですか？

中村 すぐ忘れるの、その痛みの記憶を。最中は痛いよ、私も心肺停止する直前は、相当痛かったんだと思うの。心臓が止まるほど痛かったんだから。でもそれはエピソードとして覚えてるだけで、その痛みって思い出せないの。

叶井 どんな痛みだったたか。

中村 うん、だからね。喉元過ぎれば熱さを忘れるって言葉があるけど、歯とかだってそうじゃん。夜も眠れないくらい歯が痛い経験あるでしょ？

叶井 あるあるある。

中村 だけど、そのときどのくらい痛かったかって、ピンとこないじゃん。痛かった記憶はあるけど、どんな痛みだったかは覚えてない。

叶井 うん、確かにそうかもしれない。

中村 私、流産したことがあってさ、そのときも相当腹が痛かったんだけど、どんな痛みだったか覚えてないもんね。流産したら腹が痛かったなーってことは思い出せるんだけど。

叶井 そうなんだ。

中村 だから、たぶん激痛がきても、モルヒネ打って楽になったら、きっとその激痛は思い出せないよ。

叶井 ああ、そうなってほしいねえ。

もし、余命半年を宣告されたら

叶井 うさぎさんはどうなんですかね、余命半年って言われちゃったら。

中村 ああ、もし、今?

叶井 うん。

中村 どうするのかな、まあ、遊びまくるよね。

叶井 ははは、遊びには行けないじゃん。

中村 今はね、遊びに行けるようになったの。ホントに10年間どこにも行かないで引きこもりしてさ、仕事が入れば出てたけど、自分の意思で遊びに行くなんてことはなかったんだけどさ。

叶井 できなかったよね。

中村 去年あたりかな、急に人とごはん食べに行ったりできるようになって。できるっていうか、やろうと思えばできたんだけど、そういう気にならなかったわけ。

叶井 ずっとね。

中村 それが、去年くらいから急に、いやちょっとこれは遊びに行こう、みたいな気になって。夫にタクシーに乗せてもらって、1人で(新宿)二丁目とか行って、友達にタクシー降りるところまで迎えに来てもらって、手を引いてもらって飲みに行って、もう朝までベッロベロに酔っぱらって、終わったらタクシーに放り込んでもらって帰るっていう。

叶井 そうやって飲みに行って、友達に会うっていう気持ちになっただけでもすごいじゃん。

中村 そうなの、それでね、初めて気づいたの。私、10年間、鬱だったんだって。

叶井 ああ、そういうこと。

中村 うん、鬱だったことに気づかなかったの。ただもう体が不自由だし、もともとめんどくさがり屋だし、人と会いたくないのも、めんどくさいからかなって思ってたんだけど、全然そうじゃなかったんだよね。自殺未遂もそうだけど、死ぬことばっかり考えてた時期もあったわけだしね。

叶井　そうですよね。

中村　夫があんなに悲しんだから自殺することはもうやめたけど、死にたい死にたいって思ってた時期はずっと長かったから、遊びに行こうなんて一切思わなかった。それが、そういう気になったってことは、ようやく喪が明けたっていうか、鬱が明けたんだなって。

叶井　うん。

中村　だから私、叶井さんに会うのにさ、一番心配だったのは、そのことだった。余命とか体調は心配したってどうしようもないじゃない、だけどさ、鬱になることなんだよね、いちばん問題なのは。

叶井　鬱になるっていうのは、オレはちょっと分かんなくて。

中村　そうだよね、元気そうだからさ、こうやって本を出すなんて気になるってことは。

叶井　そうだね。鬱になる人はこんな本出して、対談とかしないよね。

中村　しないよ。だから前向きだなと思って。よかった、この人は、精神的に本当に強いと思った。

叶井　うん、そうかもしれない。まったく死に対しての恐怖もないし、未練もないから。やっぱり周りは、残りの時間は、仕事辞めて家族と旅行したり、くらたまといろいろ向き合ったほうがいいよって言うけど、そもそも15年間毎日会ってるし、改めて向き合うことってないですよ。

中村　あははは、もういいよね。

叶井　改めて「オレたちは……」なんて、しみじみ話してもしょうがないじゃないですか。

中村　そんなことするの、映画くらいのもんだよね。

叶井　だったらもう何がしたいかってなったら仕事しかなくて、そのまま日常生活を送ってるわけですよ。

中村　やっぱり、あなたにはそういう精神性があると思う。

叶井　精神性?

中村　強い、雑草のような。強靭なね。

叶井　精神が強いというより、何も考えてないんだよね。精神的なところで、鬱にもならず、悲観もしてない。どうせオレ死んじゃうし。逆にがんだってことを周囲には公表してるんで、仕事がやりやすいよね。「末期がんだろ、やってあげるよ、最後だから」って、みんな協力してくれる。

中村　私さ、叶井さんのことをさほど知ってるわけじゃないけどさ、やっぱりある程度は、人から聞いた話とかで、いろいろ叶井さん像っていうのがあるわけじゃない。それで、今まで叶井さんを見習おうと思ったことは一度もないんだけど。

叶井　はっはっはっは!

中村　今日初めて、このメンタルはみんな見習うべきだと思った。あなたの女癖とかさ、だらしないところだとか、ちゃらんぽらんな生き方とか、金の使い方とか、貯金がないとか、そういうところは、こんな人マネしちゃダメだよって思うけど。

叶井　はい。

中村　今日初めて、この叶井さんの死に対する姿勢っていうのかな、メンタルの強さは、みんな見習うべきだと思ったの。クヨクヨして鬱になったり、まあ鬱になりたくてなるわけじゃないんだけど、やっぱり、死ぬ前から自分で喪に服しちゃうみたいなことってあるじゃない。

叶井　暗くなってね。

中村　そういう人、多いと思うのよ。

叶井　だいたいそうじゃないですか？

中村　うん、だいたいそうだよ。だからやっぱり、このメンタルは見習おうって。人生の最後こそ、前向きに明るくいたいじゃない。そりゃ、誰でもできることじゃないけどさ。

叶井　うん、そうかもしれないね。

中村　だから、なんというか、あなたはひとつの人間界の「希望の光」だよね。そう思うよ。

写真／石田 寛

中村うさぎ（なかむら・うさぎ）

1958年、福岡県生まれ。同志社大学卒業後、会社員などを経て作家デビュー。ライトノベル『ゴクドーくん漫遊記』シリーズ（角川書店）で好評を博す一方、浪費・美容整形など実体験をもとにしたエッセイで注目を集める。著書多数。

あとがき

夫のがんが判明した昨年は、人生で一番泣いた一年だった。

「なんで泣いてるの」

泣く私に、いつも夫は言う。

「泣いても仕方ないでしょ、治らないんだし。泣いて治るなら俺も泣くけどさ」

夫はがん告知されてから一度も泣いていない。

「悲しくないの?」

「悲しくないよ。人間いつか死ぬんだし」

「心残りないの?」

「ないよ。まあ、読んでる漫画の続き読めないのと来年以降の映画観れないのだけ残念だけど、キリないからな」

「ココは? ココの将来は気にならないの?」

「あいつはちゃんとやってくよ。俺がいなくても。俺の子育てはもう終わってるよ」

平気な顔で言う夫。

「ココには楽しく生きるように言ってくれ」とだけ。他には何にもなし。夫らしいというかなんというか。

こういう話をすると、夫を知らない人は「痩せ我慢してるんだよ。本当はすごく辛いはずだよ」というが、そうじゃないんだ。夫は本気でこういう人。恐ろしいほど淡々としている。

おそらく、私と夫、立場が逆でもこんな感じだったと思う。私が死病に冒されたとしても、「そっか、残念だけど仕方ないね」と諦め、泣くことはないだろう。そしてもし私が死んだら、「ママ死んじゃったね。ママのお金でハワイでも行こうか」と娘に言うだろう。そして娘とハワイをエンジョイするだろう。夫はそういう人である。がんになってもブレてない。

そんな夫だから、家がまったく暗くならなかった。余命宣告された後も、それまでと変わらない生活が続いた。夫は朝会社へ行き、夜に帰宅する。漫画や映画、テレビを観て笑ってる。おやつを山のように買ってくる。夕飯を食べた直後にお菓子の袋を開け、私に呆れられる。ずっと続いてきた我が家の光景だ。

「うう、腹が痛い」

苦しそうな様子の夫。

「え!?」

驚き青くなる私。

「うそ〜」

笑う夫。

診断されてから、たまに夫がやるようになった悪質な冗談。何度騙され何度怒ったことか。なぜか「はいはい、また嘘でしょ」と思えず毎回見事に動揺してしまうけど。

「がん治療をしなければ、早ければ半年、長くても一年でしょう」

と言われて既に一年四ヶ月。抗がん剤含めいわゆるがんの標準治療は一切していない。しかし今も元気だ。相変わらず毎日会社にも通っているし、飲み会にも映画にも行く。たまに、家族旅行もする。昨年夏は奮発して南の島へ行き「これが夫と最後の夏、最後の旅行、最後の海か……」と涙したけど、今年の夏も旅行したし海にも行った。近場、千葉の海だったがしっかり夏を満喫できた。私ももう、昨年のようには泣いていない。

勿論、がんが治ったわけではないから、この一年四ヶ月の間にトラブルがなかったわけではないし変わったこともある。胆管炎になって高熱が出て、一ヶ月近い入院をした。体重も一年で二十キロ以上落ちた。でも、初めて会った人は末期がん患者だなんて気がつかないくらいには保てている。昔の彼を知る人は、「痩せたね」と驚くけども。

「痛いのは嫌だな。痛いのだけは嫌だ」

夫は言う。気持ちはわかる。痛みって何もかも、思考も理性も普段の人間性も奪ってしまう。人が、その人らしさを保てなくなってしまう。

神様、痛くしないであげてください。夫が、痛みに苦しまないようにしてあげてください。痛いのだけは、許してあげてください。

今、妻である私の願いはそれだけ。後は、夫が毎日を夫らしく、好きなように生きてくれたらい い。自分のために、好きなものを食べて好きな人たちと会い、好きな漫画を読んで映画を観て。それは私が願わなくても、彼は得意だから心配していない。

2023年10月

倉田真由美（漫画家）

エンドロール!
末期がんになった叶井俊太郎と、文化人15人の“余命半年”論

2023年11月14日　初版第1刷発行

著　　者　叶井俊太郎
編　　集　佐藤彰純　平野 遊　岩崎貴久
装　　丁　伊藤拓希（YO design）
D　T　P　一條麻耶子

発 行 者　揖斐 憲
発 行 所　株式会社サイゾー
〒150-0044 東京都渋谷区円山町20-1
新大宗道玄坂上ビル 8F
電話 03-5784-0790（代表）

印刷・製本　株式会社シナノパブリッシングプレス

ISBN978-4-86625-177-6